U0001930

財富
的
幾何學

行為金融大師教你
排除大腦中的貧窮因子，
正確錨定金錢與幸福的關係，
讓投資與財務規劃100%發揮

The Geometry of Wealth

How to Shape a Life of Money and Meaning

Brian Portnoy

布萊恩・波提諾———著　李靜怡———譯

莫急莫休。

——歌德（Johann Wolfgang von Goethe）

詩人與劇作家

Contents

第二部分： 目的——金錢與幸福感重疊的部分

第四部分：**策略**──如何取得最佳報酬？

第五部分：無形——短暫的終章

▶ 第十章｜你抵達了！
在想要更多與知足之間找到平衡　241

▼

關於三個幾何圖形的故事

觀看地圖似乎遠比行旅更為真實。

——大衛・赫伯特・勞倫斯（D. H. Lawrence）
作家及詩人

錢讓人困惑。我們每天都不斷地思考如何賺錢、花錢、存錢、或投資，龐大的難題讓人不得鬆懈。幾乎沒有人可以樂在其中。而金錢也在生命敘事上留下不能抹滅的痕跡，鑿出情緒的刻痕——恐懼、興奮、壓力、疑惑、嫉妒、空虛、希望，當然，還有幸福感。

儘管金錢如此重要，但我們似乎都選擇獨自地面對這個問題。錢好像佛地魔一樣，我們因為錢而感到恐懼，卻沒有多少人敢公開談論它。這是個令人不自在的社交話題，甚至連和家人、伴侶或小孩討論，都有相當程度的困難。雖然有很多原因讓我們難以談錢，但真正的癥結點在於，財務問題實在難以三言兩語道盡，而且談錢多多少少會讓人情緒緊繃。正因為錢不但複雜，而且牽引著我們的情緒，因此我們避而不談。

如此一來，我們就忽略了那些比實際薪資、預算、不動產、退休金、保險與慈善活動等更為深刻、重要的議題。我們

應該省思金錢如何為生命帶來快樂？錢能帶來一點點或是很多的快樂嗎？還是根本不可能？如何能用錢換來幸福？我們需要用更簡單的方式定義金錢和人生的意義兩者間的關係。

我將試著在本書中，為一切的問題找出答案。我會為所有期望能不斷成長，並保有財富的人錨定未來的路徑。然而，這條路其實和所有人以為的相當不一樣。要獲得財富的路徑即便相當清楚，但你仍然必須知道對的方向。你必須願意接受下面三個步驟：

（一）確認目的：釐清構成所謂「美好生活」的要件。
（二）設立優先順序：以明確的步驟依序完成目標。
（三）決策：以最簡單的策略，得到最好的效果。

不管在哪個階段，我們都會面臨人生突如其來的變化，因此，我們需要清楚而可行的實際計畫，將困難的決策予以簡化，並達成目的。我希望藉由本書的書寫，創造前所未見的敘事，通常當我們討論金錢時，往往流於過度廣泛的哲學修辭或含糊的技術性理論，然而，真正的討論應當更具有包容性，涵蓋多方面向。

我們應該試著分辨有錢和富有之間的差別。想要有錢，和渴望更多有關錢的事物，這種需求往往源自無法持續地感覺滿足。追逐財富多半成為永無止盡的過程。然而，富有則代表對

現實狀況感到滿足。富有的人能重新定義「何謂生活的意義」。最終，我認為，不管銀行存款多寡，大部分的人都可以對生活感到富足。其實，真正的訣竅在於，透過精準地設立目標與方法，才能擁有富有的生活；否則，即便累積一切財富，我們仍舊無法擁有對生命更為深刻的體認。

為了達成這個目的，我們必須有清楚的頭腦，以及願意苦幹實幹的雙手。

寫在一切之前與之後

這本書似乎說明了為何我在上一本著作中，如此努力思索金錢的問題。我的第一本書《投資者的矛盾》，代表故事的結尾，而非起點。現在回想起來，或許那不該是我的第一本書。《投資者的矛盾》教導讀者如何做出好的決策，特別是如何選擇對的共同基金與避險基金。儘管當時我告訴讀者如何避免犯下常見的決策錯誤，但是卻忽略了更重要、甚至更有趣的問題，那就是如何擁有富有的人生。我在上本書裡詳細地描述如何分析複雜的投資問題，並找到最有效的投資組合。但我似乎也不知不覺地犯下了典型的經濟學謬設，認定所有人都期待將利益最大化，所有人的動機都是得到更多。事實上，那本書確實是關於如何變得有錢。

現在，我的想法不同了。對個人而言，當我的孩子越大，

我似乎花更多時間，思考他們會生活在什麼樣的時代。和世界上所有的父母一樣，我擔憂他們是否能獲得幸福並感到滿足。當然，我知道他們總有一天會有自己的股票或基金，但是我仍然擔心在這個全球化的勞力市場裡，他們是否能夠負擔地起自己心中憧憬的生活。如果只告訴他們「遠景」或「眼前的世界」，似乎都太過貧乏，當然，我更必須和他們說明兩者之間的緊密關聯。

在經濟專業領域上，似乎很少人如我一般從學術界跨入投資市場，接著又重返教學與著作的角色，我的歷練似乎比多數人有趣一點；也因此，我很幸運地能行遍全世界，和無數的金融專家與他們的客戶（以及正閱讀此書的你）碰面，討論如何做出更好的經濟決策。儘管我遇上的人有著截然不同的背景，但是他們都擁有一樣的初衷。不管他們的生活方式、口音、政治傾向或最愛的球隊是否相同，但是他們都希望能照顧好家人、持續擁有或取得財富、對他人慷慨、享受自己的嗜好，並且在專業領域裡表現地格外傑出。

他們的擔憂似乎都指向著一個巨大的問題，那就是：我接下來的生活會怎麼樣呢？這個問題當然不只與財富有關，但兩者似乎也有連動關係，不管是對已經極為富有，或是過一天算一天的人來說，以及對退休的人或剛開始進入職場的人來說，都有著一定的份量。

我慢慢瞭解到，以往所謂的財富規劃似乎選擇了錯誤的航

道運行。我們應當放眼腳下，朝著更為真實的道路邁進。而這正是此書的目的。現在就讓我們從頭開始。

故事要從三個形狀開始說起

《財富的幾何學》將以三個最簡單的形狀——圓形、三角形與正方形，描述我們眼前的故事。這三個形狀代表旅程的目的、決定次序與策略。每個階段都有其相對應的目標。第一階段是適應，第二階段是排列優先順序，最後的階段則是簡化。透過整體架構，將想法開展為實際行動。我將從最重要的關鍵點開始討論，從最抽象的概念鋪展到最具可行性的方案。我將「自適簡化」（adaptive simplicity）作為一切策略的背後原則，以此面對挑戰與艱險的每一步。

目的　　　　　　　　決定次序　　　　　　　策略

• 圓形：目的

唯有了解自我，才能對現實狀況感到滿足。沒有任何人能告訴我們，對我們而言什麼是重要的。我們可以從家庭、事

業、社群、信仰、國家或個人興趣與嗜好獲得滿足，而找到對自己而言重要的事情，更是一段相當個人的過程。

不過，我們辨識人生高潮與低潮的方式，或許極為相似。下圖說明了我們如何面對難題。

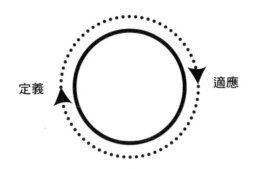

不管我們如何設定目的或如何執行生命目標，都不可能逃避現實狀況所帶來的挑戰。人生不可能全無逆境。即使在最好的情況下，全速前行也意味著改變。我們將一再面臨必須重新整頓、重新認識自己的時機，而沒有任何時刻是相同的。正如同赫拉克利特（Heraclitus）所說的，人不可能再次踏入同一條河流。因此，透過不同的方式了解自我，會是相當重要的任務。

當我們反覆質疑自我的時候，往往無法逃避金錢與幸福之間的關聯，而金錢與幸福，都是相當模糊的概念。既然金錢與幸福都不存在於自然之中，兩者的本質都相當虛擬，它們不來自土壤也不來自樹梢枝頭。它們的定義與價值往往由個人與集體意識定奪。

通常來講，銀行存款的多寡似乎與幸福感成正比，這點和我們的頭腦運作有關。我們的大腦同時運用本能與理智進行思考。當我們了解人類如何思考後，將能更明白金錢與幸福感之間的關係。

富有的人不見得會更快樂，即使有些有錢人確實感到幸福。但是在現實生活裡，當收入超過一定水準後，幸福感往往與財富的增減再無關聯。相反的，相關研究指出，擁有確實的生活目標以及更具適應性自我的人，擁有更高程度的滿足感。在這樣的情況下，如果能善用金錢，將可以帶來相對正面的回饋。

我們可以在相關科學研究中找到更確切的證據。但無可否認的，金錢確實是人生中無可迴避的部分。我們不只用錢付帳單，它還影響我們的情緒以及社會地位，甚至能改寫我們的恐懼與快樂。幾乎所有人都無法逃避金錢所帶來的影響。

• 三角形：決定次序

幻想幸福的生活和擬定確實的計畫並且付諸執行，是完全不同的兩件事。我們可以透過三角形觀看不同財富階段的重點任務。當我們透過清晰的分層階段，思考眼前目標時，將能更快的辨識出重要的事情，並捨棄令人分心的事物。

風險管理是最重要的一件事。它保護我們免於經濟災難，避免損失。對人類情感而言，失去之痛往往重於擁有。因此重

視風險管理，絕對有其必要。在這個階段裡，我們必須建立合理的運作模式，此時，避免失誤絕對勝於展現自我的實力。

接著，我們規劃每日的金錢流動——賺錢、花錢、存錢與投資，透過比較自己目前所掌握的資產與負債，歸納出最佳的方案。透過簡單的評量動作，我們將更懂得如何在日常生活中學習平衡收支，有效減少不當的消費，提高存款額度，並且明白收支不平衡的危險。當我們達到收支平衡後，才能設想更為遠大的目標。我們選擇相對謹慎的態度，但這並不代表生活的想像將因此淡然無色。

但是，即使擁有正確的觀念與收支平衡概念，並不代表就能達到令人滿意的經濟地位。

這時，真正需要的是投資。我們從穩健的帳戶裡提取現金，進行有風險的投資行為。投資代表著面對不穩定的未來狀況進行一連串的冒險，而嘗試未知，正是人類天性的一部分。

接下來，我用第二個三角形連結，從排定優先次序，進入投資決策的過程。好的投資結果必然擁有三個元素。首先，最重要的，當然是我們的決策行為。

人類大腦往往無法避免犯下認知與情感的錯誤。最經典的例子就是，當市場崩盤，投資者爭先恐後拋售，在情感挫折的籠罩之下，往往錯失了日後價格回彈的時機。

事實上，我們並不是缺乏理智，真正的問題在於我們無法逃避人性。我們的經濟狀況多半為無數經濟決策下的綜合成果。我將在本書中不斷重提「個人決策行為」的重要性，而這絕對不是什麼太過複雜的新興經濟理論。

在決策行為之外，真正對風險管理與資本增長有所助益的，則是個人的投資組合。投資組合管理意味著針對幾項具有極大影響力的問題進行決策。投資組合可能包括多個項目——股票、基金、債券，這都是足以帶來極大經濟成功的要素，但是我們必須以完整地脈絡理解其個別重要性。

• 正方形：策略

　　接下來，正方形則代表透過預期目標掌握決策策略。我們必須設下合理的投資預期目標，以純熟的理智與情感，合宜的面對市場變動。簡化，則是有效管理投資預期的最佳手段。普遍來講，達到投資預期目標能帶來短暫的快樂，反之則帶來暫時性的痛苦。大腦往往告訴我們避開損失，即便短暫地損失能為我們帶來真正的資本增長，因此，將自我懊悔的感覺放到最小，才能迎來利益最大化。

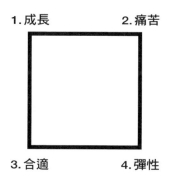

　　正方形將投資決策簡化成四個重要條件。第一個直角代表我們希望達到的成長。針對未來的收益進行合理預測更像是一門藝術，而非科學，至少，這絕對需要我們評比各種可能性，這點與按直覺行事大不相同。第二個直角代表為達成利益增長而必須忍受的情緒煎熬，這當然與價格的浮動有關。價格的變動性往往導致我們做出錯誤的決定。第三個直角代表針對目前

所擁有的資本進行修正與調整。最後，彈性，也是投資專家所說的流動性（liquidity），彈性則代表改變想法的重要性與背後成本。畢竟，謹慎行事如同刃之兩面、利弊雙關。

很多人認為與投資相關的經濟決策如同科學問題一樣，有著絕對正確的答案。錯了。正方形讓我們理解金融遊戲可以被簡化、被征服，金融遊戲並非乍看之下的難以破解。不過，將複雜的問題簡化並非容易的事，也因此要獲得成功，正在於建構一套方法學。

如果真正的財富代表有能力選擇自身所定義的幸福，那麼上述的三個步驟：目的、決定次序與策略，正代表通往幸福的三個不同階段。自適簡化正是驅動我們前進的引擎，統整我們在經濟世界裡的一切活動。

最後，我們必須理解並思考，「不斷地想要更多」所帶給我們的壓力，我們必須明白是否已經擁有夠多了。不管是渴望更多或是對現況感到知足，兩者都來自人類進化的本能反應，然而，在我們的心裡，兩種力量似乎不斷地拉扯，讓我們對當下的自己與未來感到疑惑，我們質疑到底現在的我是誰，而未來的我又將成為何人？事實上我們必須珍惜當下，並為更有意義的人生繼續奮鬥，畢竟，沒有任何人能為我們定義幸福。

我無意與哲學家爭論古老的存在與自我的變動等種種問題，這不是我的目的。但是若我們能理解內心的拉扯，並與之和平共處，或許可以找到讓生活富足的步調。

第一部分

成形

我們開始釐清一切的時刻

第一章

群體性孤獨

盤點我們面對的三大財務挑戰

有很多人和我一樣安靜地承受著痛苦,我們無法談論自己的經濟問題,崩壞的其實不是銀行帳戶,而是人生。

——尼爾·加布勒(Neal Gabler)
歷史與文化評論家

真正痛苦的是在平靜的內心中無法獲得安慰。

——塞內卡(Seneca)
哲學家

個人的金錢流動

不管是我們的日常生活決策與更廣大的人生追求,都脫離不了與金錢的關聯。金錢等同於每日生活引擎中的機油,沒有錢,金屬將會互相輾壓。有了錢,引擎才能正常運作,但這並不代表我們會因此通往正確的方向。

我在本書中將不斷地提到個人的金錢流動,這代表四個過程:賺錢、花錢、存錢與投資。

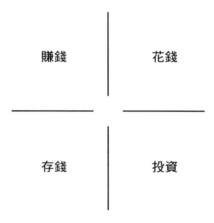

故事的起點是薪資單。所謂的「賺錢」,通常指的是找一份工作,養活自己和家人。沒有賺錢的能力,代表了前途晦暗。當我們拿到薪水後,必須開始思考如何做決策。第一個也是最重要的挑戰就是花錢。除了每月的固定帳單以外,消費選擇將不斷地糜爛衍生。如果我們不將賺進的錢消費殆盡,就代

表有存錢的機會。最後，則是投資，透過有風險的操作資本，我們得以賺進比現金存款更為豐厚的利潤。不管我們的收入水準、或者是否有資本雄厚的家庭做靠山，個人的金錢流動將會持續帶來複雜而極富壓力的難題。

儘管我們有著相似的困擾並思索著類似的問題，但是卻無法集體找到答案。財務問題是相當封閉而具有疏離性的私人問題。我們多半選擇獨自面對。

我們面對的是怎樣的難題呢？我認為，大致看來不外乎是以下三項挑戰：

（一）我們希望更有效的控管自己的財務。

（二）我們容易犯下錯誤的經濟決定。

（三）我們沒有犯錯的空間。

接下來，我將針對上述三個處境，一一解答。

第一項挑戰：不管你喜不喜歡，你都擁有主導權

當代社會的特徵，就是每個人都面對龐大的資訊流與選擇，儘管網路帶來連結性，但是真正深刻的社會聯繫卻日益輕薄，我們以自主的姿態面對近乎一切決定。在這孤獨而擁擠的世界，我們習慣了高度的私密性與責任感[1]。科技的日益便達，

讓我們得以（或以為）成為媒體紅人、美食專家、地方導遊、健康達人、氣象學家或是維基百科大師，當然，還有市場分析家與投資組合經紀人。不管在任何領域，我們都擁有前所未見的龐大自主權。我們生活在資訊的時代。這同時意味著，我們得在焦慮中呼吸。

在金錢的世界裡，我們面臨前所未有的挑戰。對不同的世代而言，如何有效地管理自身長遠的經濟狀態，已成為截然不同的課題。特別是，當下的世代早已無法享受穩定的退休金機制。此外，我們還面臨許多強大的結構性變動，迫使個人的資金流動與投資被徹底的「自由化」。

請別忘記，退休其實是個不久之前才發明的詞。人類文明卻早已有數千年歷史，因此，選擇在某個時間點上停止工作並靠著存款與投資過活，其實是相當新奇的概念。這道理其實很簡單，在人類歷史上，大部分的人都工作到死前的一刻。只有在傳統家庭結構下獲得支持的人才能無勞而活。在電影《巧克力工廠》（*Willy Wonka*）中臥病不起的爺爺與奶奶並不是仰賴退休金、社會福利或政府補助維生，他們是主角查理・畢奇（Charlie Bucket）的媽媽的守衛者。

自十九世紀開始，歐洲政府開始編織社會安全網，保護日漸老化的人口，接著美國政府也開始著手進行相關工程。舉例來說，二戰後的時期，多數服務於美國私營與公營企業的勞工都是福利政策的受益者。換句話說，政府以福利計畫提供年老

者退休期間內的所需支出。

　　然而在過去的數十年以來，社會性退休計畫多已凍結或徹底停止，代之而起的則是個人型的投資計畫，好比 401（k）退休福利計畫。舉例來說，自1980年代開始，勞工退休基金人口涵蓋範圍率已從62％降至17％，而僅接受 401（k）退休福利計畫保障的人口，則從12％攀升至71％[2]。目前看來，我們都必須為自己的退休生活負全責，而專家也認為退休者的黃金時代早已成為過去了。

　　大部分的人都不看好退休生活，社會集體氛圍對退休生活的信心更可說是跌到谷底。2017年的報導顯示，僅有18％的人認為自己擁有非常足夠的資金，面對退休生活；約有四分之一的美國人對退休後的經濟狀況感到憂心，而他們所擁有的資金確實難以形容為穩健[3]。而美國政府令人質疑的退休金計畫讓整體士氣更為低落。雖然美國的社會福利制度從未被設計或預期成為任何人的完整退休金保障，但對數百萬的美國人來說，這有可能是他們唯一的經濟來源。

　　當社會安全網千瘡百孔時，我們不難理解退休信心指數為何一落千丈。顯然，沒有太多的人為退休做好了準備。近40％的美國勞工沒有為退休生活準備任何可用資金。僅有約過半的勞工正在為退休生活進行儲蓄，但是其存款額度似乎也頗令人擔憂，上述勞工中約有24％的人口所準備的退休存款不足1,000美元；47％的人為退休準備了近2萬5,000美元的定

存；近65％的人口所準備的退休基金低於10萬美元[4]。請注意，即便投資得宜，10萬美元的存款代表退休後每個月僅能獲得約數百美元的收入。

這種被強迫對自己長遠經濟生活負責的現象，似乎也與我們無法自在地談論金錢的狀況有關。調查顯示，對多數人而言，錢是最難以啟齒的話題，遠勝過其他議題。幾乎沒有人樂於談論自己的財務狀況[5]。

「關於錢的話題藏有太多玄機。」心理學家丹尼爾・寇斯比（Daniel Crosby）如此解釋，「錢的背後有太多的潛台詞和暗示。錢可以代表幸福、權利或個人能力，因此這實在不是個輕鬆的話題[6]」。寇斯比認為，至少有三個主要原因讓人害怕談錢，一是壓力、二是社會禁忌、三則是大部分的人都不擅長談論數字。他特別提到2014年美國心理學協會調查，約有73％的美國人認為生活的最大壓力來源就是金錢。錢比死亡、宗教與政治都更讓人有壓力[7]。

大部分的人認為談錢令人尷尬、粗俗、不適宜、困惑、壓迫、缺乏道德觀、乏味，或者以上皆是。許多伴侶很難坦誠地討論錢，成年的孩子與父母也很難自在地談錢，因此我們很少和孩子們討論錢，甚至願意手把手地教導他們有關錢的一切。許多調查顯示，對於夫妻而言，錢是僅排於離婚之後的第一或第二項重大議題，很多人寧可和伴侶談論婚外情，而非家庭財務問題，或是個人薪資的多寡[8]。

我們或許都對好朋友的婚姻、健康與工作略有所知，唯獨對他／她們的經濟狀況毫不知情。你知道好朋友的薪資嗎？他有負債嗎？他有足夠的退休存款嗎？他有任何可運用的預算嗎？正如同寇斯比所說的，「我們會和朋友一起抱怨錢不夠用、或是集體對沈重的課稅政策表達不滿、甚至一起幻想如果中了樂透以後要幹嘛。但是對於真正核心的個人經濟問題，誰都開不了口。」

　　讓我們對自身經濟問題感到難以啟齒的其中一個原因是，我們普遍欠缺金融知識[9]。或許讀者們願意試著回答下面三個數學問題：

（一）假如你的存款帳戶內有100美元，利息為每年2%。如果你把存款放在帳戶五年後，總金額為多少？（A）超過102美元（B）102美元（C）低於102美元。

（二）假設你的存款帳戶利息為每年1%，而通貨膨脹指數為每年2%，一年後，你的存款能購買的東西將會（A）多過今天（B）和今天一樣（C）少於今天。

（三）請告訴我以下陳述是否為真：購買單一企業的股票，通常比投資共同基金更能獲得穩健的利潤。

　　設計以上測驗的兩位金融知識專家發現，五十歲以上的美國人中，僅有約三分之一的人能夠完全正確回答全部問題[10]；

約有一半的人能夠正確回答前兩個問題。我們發現，管理自身資產對大部分人來說確實是一項挑戰。但是，這絕對是每個人都無法忽略的任務。

第二項挑戰：你的順序錯了

第二個難題似乎更嚴重，癥結點卻是我們自己。我們的大腦同時掌管情緒與感知，並時常讓人做出錯誤的經濟決策。

讓我們試著想想最簡單的遊戲：逢低買進、高價賣出。這麼做會為你帶來利潤，很簡單是吧？可惜的是，大部分的人都做出相反的決定：我們高價買進，低價賣出[11]。

這怎麼可能呢？簡單來講，這與人類頭腦的求生本能有關。經過數千萬年的演化，人類的本能反應就是逃離危險。我們腦內的「要戰鬥，還是要逃跑」機制，如此強大甚至從未改變。我們會看到自己的「原始」頭腦正在與眼前的金融市場搏鬥，這似乎有點荒謬。我們的慾望與恐懼，一直反覆阻止我們得到更好的投資結果。

請看圖 1-1：當我們──感受到市場價格提升時，我們的心情相當平靜，甚至會為自己的財富增值感到滿足。我們會在此時想要投資更多。

圖1-1 慾望、恐懼與投資者行為

	買進	賣出
擔憂	否	是
興奮	是	否

當市場價格跌落時，我們會感到沒有安全感。我們開始擔憂一切會變壞。我們開始對手中持有的金融商品感到憂愁，也因此沒有任何心思買進。我們在價格高漲時買進，卻在價格低落時，躲在遠處觀望。

這是「異常」的消費者行為。我們不會在塔吉特百貨公司（Target）大漲價時衝進去採購，卻在大特價時逃離現場吧？但這確實是市場投資者的行為。任何有一點經濟學常識的人應該都知道，當價格提高時，需求就會降低。而當價格降低時，需求就會提升。然而，管理自己的財務似乎沒有說的那麼容易。

讓我們看看經濟崩盤前的實際消費者行為數據，理解真實的市場狀態。圖1-2顯示美國股票型共同基金市場在崩盤前五年（2003－2007），與隨後五年間（2008－2012）的資金流動狀態[12]。

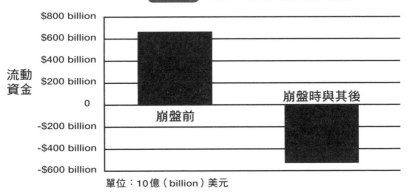

圖1-2 投資者買高賣低的現象

流動
資金

$800 billion
$600 billion
$400 billion
$200 billion
0
-$200 billion
-$400 billion
-$600 billion

崩盤時與其後

崩盤前

單位：10億（billion）美元

在過去五年間，市場成長穩健，投資者們購入近6,600億美元的股票型共同基金商品。在市場崩盤後，投資者們取回近5,000億資金，儘管此時正是數年來最好的進場時刻。我只能說，真正的敵人就是自己啊。

第三項挑戰：我們沒有犯錯的空間

最後，由於全球化資本市場的結構性改變，讓我們不再如以往一般，擁有龐大的成功機會與可能。不管是期望從薪資或投資獲得回報，都挑戰十足。

• 人力資本的挑戰

要過好生活已經不是那麼容易的一件事。平均而言，自

1970年以來，實質薪資（real wage）幾乎是停滯不前。由於全球勞動市場的結構性遷徙，我們看不見經濟上揚與社會能動性提升的可能，這導致人力資本發展萎縮[13]。我們的個人經濟狀態，往往與薪資的潛在可能息息相關，情況確實令人擔憂。

目前頗受爭議的結構移轉問題之一，即是工作場域的自動化[14]。對自動化的加速發展感到恐懼，似乎有理可據。不僅藍領階級、中產階級，甚至上層階級職業雇用者，都為此感到威脅。工廠員工、會計師、律師、醫師與投資經紀人都在自動化的影響範疇之內。我們擔憂的並不是未來將沒有任何薪資豐厚的亮點職位，而是數量將會日益稀少。

我們不妨思考馬丁·福特（Martin Ford）在《機器人崛起》一書中所提到的比較案例。他指出，1979年時，通用汽車雇用八十四萬名員工，當時通用的利潤為110億美元；而2012年時，谷歌公司僱用員工少於三萬八千名人次，卻創造近140億美元的利潤。當然，上面提到的兩個數字已經按照通貨膨脹修正[15]。若按照比例分配，勞工數量早已不與利潤生產值成正比。以上述例子看來，儘管利潤相當，但是谷歌企業所需員工數量僅佔通用汽車的二十分之一。很可惜，近年來我們已經看到無數公司大規模縮減人力與職位。

1942年政治經濟學家約瑟夫·熊彼得（Joseph Schumpeter）早已預先洞見此現象，他稱之為資本主義的「創造性破壞」（creative destructio），而這個概念不僅在當時成為

人人知曉的名詞，至今仍舊影響深遠。他如此描述資本主義，「在工業化進行轉變時期……，經濟結構不斷地自內部進行劇烈改變，破壞舊有結構，創造新的機制[16]。」改變以及強迫性適應，以及適應失敗，都是資本主義的特色，而非缺陷。熊彼得認為創造性破壞，正是資本主義的最終本質。

資本主義所牽連的層面由近而遠，而「改變」也無所不在。不管是努力過生活的每一個人，或是努力教育下一代該如何生活的念頭，都可以說是全球化政治經濟體系底下的最深層的焦慮反應。這一現象不容小覷，因為不僅僅是低端技術／較低薪資的社群會受到嚴重影響，許多服務類型職業，例如法律與醫療領域等人才，都正面臨收入縮減，與影響力萎縮的壓力。

事實上，大部分的我們面對轉型期，都感到十分無力。多數美國人的生活處境正巧符合作家加布勒所描述的「經濟脆弱」[17]（financial fragility）情景。

2016年加布勒在《大西洋月刊》刊登的文章，激起了各方熱烈的迴響；身為一個曾經相當受歡迎的作家，加布勒面臨的正是許多人感同身受，卻無以言說的真實處境。他這麼寫道，「我不可能和任何人聊我的經濟陣痛期，連和自己最好的朋友都難以啟齒，直到有一天，我突然發現自己的處境，其實和上百萬名的美國人一樣。」

加布勒發現，僅有38％的美國人有能力負擔近1,000美元的急診帳單。他引用美國皮尤慈善信託基金（The PEW

Charitable Trust）的數據，近55％的美國家庭沒有足夠的活期存款，能夠支應一個月薪資的短缺[18]。

• 金融資本的挑戰

不只賺錢越來越難，存錢也是。未來的幾年間，資本市場所提供的實質回報率，將遠遠不及上一個世代所享有的幸運。事實上自1980年代至今，不管是股票或債券的市場報酬，都已進入較長時期的高點。

我們可以參考全球智庫領導者麥肯錫公司的數據。過去三十年來，美國股票與債券的實際收益（依照通貨膨脹調整後的數字），早已超越過往歷史的平均數值[19]。

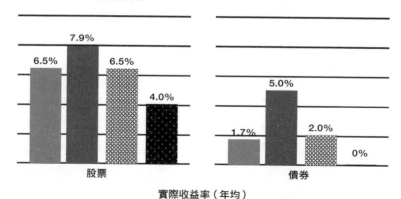

圖1-3 債券與股票投資展望黯淡

實際收益率（年均）

■ 歷史平均值　■ 過去三十年　※ 未來二十年：高成長　■ 未來二十年：低成長

圖1-3中的四個長方形表示過去三十年來，股票的表現已經超越長期歷史的平均值。而右圖中的四個長方形則顯示債券的飆升狀態，債券表現也已較長期歷史的平均值高出三倍。

　　未來世代的投資者還有可能獲得同樣豐厚的回饋嗎？答案應該是很難，特別是債券。當利率下降時，債券價格將會上升，而自1980年代初期開始，利率跌入令人訝異的低點。我們很難想像當時利率的最高點僅有17％。當時前聯準會執行長保羅·沃克（Paul Volcker）大刀闊斧地解決該問題，並展開長期的成本壓制戰，這也造成了歷史上最強勁的債券多頭市場[20]。

　　現在，市場已無過往榮景。目前利率相對較低，代表未來債券回報率已不可能與數十年前相比。股票市場較難以預期，不過歷史高點意味著長期看來回報率應該也相對持平。麥肯錫數據也顯示未來市場投資預期心理較不熱絡，而許多資深投資觀察者也認為股票與債券投資組合的未來回報率應落在5％左右[21]。

　　儘管多數專家認為前景低迷，但是仍有不少較具野心的投資者期待，近10％甚至二位數的年度回報率[22]。雖然，任何事都沒有絕對，但過度樂觀似乎顯得不切實際。請注意，所謂的「好」投資應當符合預期心理[23]。當我們對未來的預期與現實不符合時，就會得到經濟上與情緒上的負面效應。

~

以下整理出我們目前所面臨的困境：

- 我們必須負起對自己經濟生活的完全責任，這點和以往完全不同。
- 我們對討論或學習經濟問題感到相當不自在。
- 我們的預期壽命比以往長，這拉長了所有問題的時間性。
- 我們的大腦本能促使我們做出惡劣的經濟決定。
- 前所未見的龐大資訊量與選擇可能讓決策更為困難。
- 大部分的人都處於經濟脆弱的狀態。

我們的薪資與存款的可能性已經不若以往。投資的回報率已大不如前，市場無法拯救我們。

整體情況確實相當不樂觀。但就像我們許多人在面臨險境時，總會說該來的就是會來，我們只能面對。因此，讓我們一起思考，該如何面對所有問題。

第二章

自適簡化

我們的大腦如何解決金錢問題？

> 人類透過自我選擇，改變逆境，這令人振奮無比。
>
> ——亨利·梭羅（Henry Thoreau）
> 作家與哲學家

> 我們的任務在於從人生中找到具足挑戰性的工作，而不是想插手每一椿鳥事。
>
> ——查理·蒙格（Charlie Munger）
> 波克夏公司副董事長

人類是超強的問題解決者。

我們的身體和大腦都經歷了數千年的演化，以適應截然不同的環境。人類會成為世界上的主要物種，原因繁多，好比嫻熟運用語言的傑出能力、樂於合作、能夠創造故事與神話，以及往返數個時間點的思考能力等等。

人類的「雙重模式」（dual process）讓我們創造許多成就，並讓數十億的人口足以存活至今。在此章裡，我希望試著解釋所謂的雙重模式，為什麼對獲得財富如此重要。思考的強大力量或許會遭受許多反彈力量的波折，但這無損其重要性。請試著想像我們正在建造堅固而具備高度變化彈性的體系，以面對永恆的難題。

我以「自適簡化」作為思考個人金錢流動的主要途徑，以此方式包容生命中不可抗拒的複雜性與變動，並在混亂世局中，安放心神。自適簡化讓我們得以對經濟生活感到滿足。

每個人都擁有兩種速度的腦袋

我們每個人都擁有包含兩種速度的腦袋。一種代表本能的速度，一種為思辨的速度。當我們同時運用這兩種能力時，生為如此複雜美麗的個體，我們將因而得到面對問題的準則。

雙重模式理論來自於行為經濟學之父康納曼（Daniel Kahneman）所提出的著名「系統一」與「系統二」學說，他以

此說明好的經濟決策背後的科學。在他傑出的著作《快思慢想》(*Thinking, Fast and Slow*) 中，他仔細描述了快思考（系統一）與慢思考（系統二）之間的關聯，而他的理論也將貫穿本書。

我們的快腦袋幾乎沒有休息的時候，並且在我們毫無察覺的狀態下自動運作[1]。快腦袋不但毫不費力地飛轉著，也徹底自發。事實上，我們無法停止快腦袋的運轉。

系統一不斷地在監控我們四周的環境，觀察是否有任何異常狀態發生。人類需要察覺世界，而正由於系統一的綿密運作，我們才得以觀賞全景，並以此應變。系統一更是說故事的高手，「它幫助你詮釋自身周圍所發生的事件，並將眼下事件，與甫經歷的事件予以連結，並對未來的狀況予以推測[2]。」我們以系統一理解世界如何「運作」。

更重要的，我們以快腦袋察覺危險與機會。我們的「要戰鬥，還是要逃跑」本能，反應了數千萬年來人類演化如何影響了神經網絡。我們的本能反應必須迅速，以確保自己免於危險。當我們感知到緊急狀況時，快腦袋更會加速反應。試著想想開車時失去控制的當下吧。早在「思考」該如何回應狀況時，你的身體早已行動，先一步控制好方向盤。同樣地，我們的本能反應也更懂得保護自己免於失去，勝於取得回報。生存，才是最重要的關鍵[3]。

快腦袋熱愛一致性；並且選擇以帶有偏見的方式，重新確

認以往認知與反應模式，儘管快腦袋所見的並非絕對真實，但是它不容許模糊與質疑。快腦袋接受既定分類，並且不擅長思索可能性，它偏頗地進行特定預測。它執著於已知的個人性事實，並且排拒更為幽微的證據。以康納曼的話解釋，「所見已是全部事實。」很荒謬的，大腦的建構方式正是要讓我們感覺世界相當安全、相當可知，然而這卻讓我們對現實做出錯誤的判斷。

快腦袋充滿了印象、情感、本能、衝動與感受。它對漸遞的改變較為敏銳，勝過持平的狀態。事實上，如果你沒有感覺自己正從現有位置往前移動的話，飛速前進不見得是一件讓人開心的事。然而，穩定地通往目標，即便步伐緩慢，也可能帶來幸福的感受。

系統一極富效率，甚至不需花費太多執行精力。但是它知道自己何時該退場，並且與另一系統交換位置。事實上，系統一與系統二的關係相當複雜，但是我們不該認為兩者互有抵觸。這兩個系統實為互補關係[4]。

在我們的大腦裡，從系統一轉移至系統二意味著解除自動駕駛狀態，進入手動控制模式。在日常生活中，如此的移轉不但快速也相當頻繁。如果我問你，現在所處的空間是否舒服，系統一會早已經有答案。如果我問你此頁有幾個字，你的慢腦袋則會開始運作。雖然這個問題並不難，但快腦袋無法回答。

系統二擅長費解的心理活動。康納曼很巧妙地描述系統二

的工作方式，正是「花」心思，而這個過程確實會消耗我們系統中的葡萄糖與化學分子。所謂的「精神疲憊」不單單是形容詞而已[5]。知名行為研究專家丹・艾瑞里（Dan Ariely）解釋，「思考不但困難，有時也讓人不悅[6]。」

當我們縝密思考或是做決策時，慢腦袋將派上用場。此時我們能遵守複雜的規則、同時記得許多件事、觀察一組資訊或將之轉化為簡單的辭詞。以技術來講，系統一可以處理「邊走邊吃口香糖」的行為。如果還想要計算所走步伐，那麼就需要使用系統二進行此步驟。執行能力和努力組織與計畫（所有青少年父母都需要擁有的超能力），則是系統二的範疇。

慢腦袋會將衝動轉換成動力與感受，最後再形塑成為信念。如同康納曼寫的，慢腦袋很「懶」，並且很少會否決快腦袋的直覺。然而，「當系統一無法提供答案」時，系統二就會開始運作。系統一告訴你地球是平的。系統二則會有更深入的答案[7]。

為什麼要那麼不厭其煩地思考，我們的大腦如何運作呢？因為如果我們不了解自己如何思考的話，就無法在人生中獲得更多的財富與意義。

不管是直覺、信念與決策，都共同形塑我們的認同與能力，讓我們擁有更充實的人生。如果能掌握系統一與系統二彼此的關聯，就能更深刻的掌握我們所做（或不做）的決策，以及我們隨之而來的情緒反應[8]。

40% 解決法：掌控那些自己做得到的事

在了解了上述脈絡後，我們可以繼續思考一個更重要的問題：我們需要多少感受才能擁有幸福呢？答案是，我們需要許多不同的感受，但並不需要太多。現在我們知道系統一會自動地將快速反應轉化為誘因、製造本能與情感性原因。舉例來說，加薪或是邀舞被拒絕會有什麼「直接反應」，我們都很清楚。但是，需要消耗精力卻又很懶的系統二會三不五時地加入戰局，深刻地形塑我們的理解、喜好與認同。系統一的自願性與本質性的影響固然難以忽視，但是自適簡化過程仰賴我們理解，如何操作系統二機制，並且一點一滴地重新書寫屬於我們自己的故事。

加州大學心理學教授松嘉‧柳邦爾斯基（Sonja Lyubomirsky）歸納出形成人類幸福感背後的三大要件[9]。

- 性格：你是誰。
- 外在條件：你擁有什麼。
- 意圖：你要做什麼。

最有趣的或許還不是上述三要件，而是三者之間的相對重要性。如圖 2-1 所呈現的，我們的先天性性格已經決定了我們所經驗的一半的幸福（與情緒），僅有極小部分的幸福感與外

在條件有關，而其程度也隨著我們的年齡、性別甚至天氣而有所影響。我們必須透過控制方能得到平衡。讓我們一一討論，因為唯有透過情境討論，方能知道每個要素所帶來的結果。

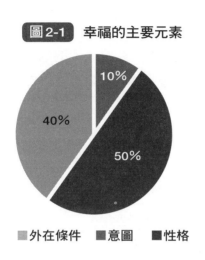

圖2-1 幸福的主要元素

10%

40%

50%

■外在條件 ■意圖 ■性格

• 幸福元素1：性格

性格，代表我們生來的性情與態度，或許可以這麼解釋：性格決定了我們會成為怎樣的人。如果思考性格是與天生質素還是後天養育有關，我們認為所謂的性格來自其天生個性或可說是基因導致。有些人生來就纖瘦、有些人則壯碩；有些人高大、有些人嬌小。我們也可以試著對比聰明和緩慢、諷刺和誠懇、驕傲與謙遜、樂天與憂鬱。

面對幸福，每個人都有自己的基準點[10]。就算遭遇挫折或

失敗，大部分人都會很快地回到初始的基準點。研究顯示，有近一半的幸福感取決於感受，而非實際獲得的事物。「好比決定智商的基因或膽固醇，內在的幸福基準點決定了我們是否能夠長久地感到快樂[11]。」

雙胞胎的研究為上述假設帶來了最有力的證明[12]。即便兩雙胞胎自出生就分離，並在完全不同的環境下成長，研究者發現，兩雙胞胎仍舊會擁有極其相似的外表與生活態度。基準點的重要性也可以在其他例子中見到。維吉尼亞大學心理學家喬納森·海德特（Jonathan Haidt）研究人們如何發展個人道德觀與政治觀，他的調查結果顯示，主要決定要素其實來自基因。我們如何看待自己與世界，這點其實自我們出生時就決定了[13]。要一個憂鬱的人試著開心點，或是說服民主黨擁抱保守的價值觀，真的是自討苦吃。

• 幸福元素2：外在條件

儘管基因因素的強大，但是大部分的自我認知仍舊與外在條件有關，好比年紀、性別、種族、健康程度、婚姻狀態、教育程度、事業成就或財富等。似乎所有人都以為，所謂的幸福與上述種種條件有所關聯。

事實並不然。

僅有極小部分——10%的幸福感來自外在環境。我們不妨深深思索這句話的重量。那些我們時常拿來歸類自己的標籤，

其實與生活好壞沒有很大的關聯。不管你是住在郊區的豪宅或是一間單人房；不管你長得極吸引人或是考慮整形；不管你擁有家庭的陪伴或是得忍受痛苦的離婚手續；不管你是全班第一名或是任性地大吊車尾。上述情況都與我們能否感到長期的快樂沒有太大關聯。

我們的自我定義其實沒有那麼重要。這怎麼可能呢？原因在於我們早就在成長過程中習慣了好與壞的條件。大腦天生擁有能夠適應各式各樣環境的能力，大腦甚至在我們意識到以前就已經做好了調整。這是渾然天成的防禦機制，更讓我們能夠超越大部分人生中的艱險困境。不管是不幸或是悲傷，都很難阻止我們向前邁步。然而，反過頭來說，許多成就與幸運也會在轉眼間就被我們忽略。有時，「享樂適應」（hedonic adaptation）[14] 的影響範圍遠遠超過我們所想。

即便如此，大部分的時候我們都無法擺脫社經地位或外在條件的影響，我們以為這些與長期的幸福感有著相對關係。我們追求美貌、名氣、財富、成就、地位的屹立不搖等。我們的心波濤洶湧，並且為了短暫的享受而持續搏鬥。

根據松嘉的研究，「幾乎大部分的我們都認同幸福的迷思，認為成年後的成就（婚姻、小孩、工作與財富）會讓我們永遠快樂，而部分的成年後挫折或低潮（健康問題、單身、貧困）會讓我們永恆悲傷 [15]。而研究結果卻顯示了相反的觀點。

• 幸福元素3：意圖

根據上述研究，在排除了基因與外在條件的影響後，我們對自己的人生擁有近40％的控制權[16]。縝密的決策與謹慎的行動，為人生帶來實質的進步。你的選擇與思考方式，會帶來極大的改變。

我認為40％是相當具有潛力的比例，主要原因有二。首先，這個比例並不算小。當然我們的先天性格已經大致上決定了我們是誰。但是，如何規劃人生仍舊帶來相當程度的影響力。你當然可以用基因或命運來解釋目前自己所處的境地。但是，人生本質上就是個選擇，我們往往在知道自己的先天條件後，仍舊擁有極大的改變自己的能力。

第二，每個意圖可能帶來的影響，讓我們決定自己的行動是否合宜，或者，是否可能。如同卡爾・馬克思（Karl Marx）的名言所說，「歷史是人類自己創造的，但他們並不能隨心所欲地創造歷史[17]」。我們的人生確實受到父母所給予的環境極大影響，但是人生沒有僥倖。先天環境雖然重要，但難以決定人生的一切。當然，人生的境遇也不能全盤決定一切。

有些事確實在我們掌握之中，有些事則全然超越掌控，我們該相信意志力並不能戰勝一切，我們很難變成自己以外的人。既然不可能，我們就該放棄完全不可能達成的目標。雖然我鍾愛梭羅，並在此篇章首放了他的名言，但我們不能忘了這位美國沈思巨匠甚至需要媽媽幫他洗衣服[18]。在沃爾登湖旁沈

默的散步，和要不要洗自己的髒衣服，似乎是兩件事。我們都有極限。我們只能做自己做得到的事。

原則性計畫：保持簡單與彈性

即便了解控制的範圍可能有限，但是能夠掌握自己的人生還是令人滿足。雖然神經系統、基因與外在環境都形塑了我們的生活，但是我們對人生的企圖仍舊有著強大的影響力。建造和實踐計畫，本身就帶來幸福感[19]。我們應該試圖努力達到法國化學家路易斯‧派斯特（Louis Pasteur）所提出的「心理準備」狀態，而這正是當代社會心理學家普遍認定的自我培力觀念[20]。

根據提摩西‧威爾森在《重新定位》（Redirect）一書中所提到的觀念，通常「較有能力解決現實問題的人會擁有更好的生活」，因為這些人願意面對問題，而不是逃避問題，為未來提出更好的計畫，專注思考自己能如何控制與改變情況，而即便在面對挑戰時，他們也能夠堅持，而非放棄[21]。那些認真將自己心理準備好的人，往往會擁有較好的人生。

在人生裡，或許第一步永遠都只有一次機會，但我們可以繼續走下去啊。保有彈性，其實正是創造偉大成就的重要核心。適應，代表了我們知道回應生命中許多事件的重要性，其中包括突如其來或是帶來痛苦的事件。我們不妨用威爾森貼切

的形容來解釋,「改變我們生來的故事[22]」。

我們若將自適簡化作為安排自身金錢流動的主要原則的話,將更能掌握改變,並能清晰地理解情勢。精神能力並非是個虛幻的形容詞。事實上,我們需要花費腦力,以便讓精神能力維持在最好發揮的狀態。

在複雜的現代生活中,我們必須找到簡單的方式,回應嘈雜的環境,安頓內在。奇妙的是,我們似乎天生樂於趨近複雜的事物,好比技術性相當複雜的財務問題。有時候,我們樂於解開棘手的問題,以展現自身判斷情勢的能力。

也因此,我們搜集大量的資訊,但是研究卻顯示,當我們擁有越多資訊時,判斷就越有可能失誤[23]。此外,當我們擁有越多資訊時,越會感到必須做決定的壓力。我們討厭搜集了龐大資訊後,卻置身事外。這讓我們感到浪費時間。最後,太多的思考也降低了滿足感。在某些狀況底下,過度思考讓我們遺失了原來追求目標的真實重量[24]。說真的,現在消費者的痛苦來源之一,正是「比較購物」(comparison shopping):比較各種產品線不同物件的優劣,往往讓人精神耗弱與沮喪[25]。

回到我們思考的自身金錢流動來看,保持簡單代表著幾項清晰、精準的原則,除了用來思辨日常複雜的問題以外,也讓我們做出理智而準確的決策,並且也意識到,即便最縝密的計畫,也有可能為不可抵抗的外來元素破壞。

將臨事物的形狀：一條指向富有的人生路徑

形狀決定了路徑。自適簡化如同引擎一般，推動了旅程的每一個階段[26]。在第一個階段裡，我們定義目標與任務。這在人生中當然不只發生一次，而是每分每秒都在發生，也代表每一次我們受到挫折跌倒後的修正路徑。我們適應了。

接著，我們以更清楚、更明晰的策略重新設定一個有意義的人生。既然在我們的經濟生活裡，想要達到的目標總是無止盡地飆高，那麼我們必須得進行順序的排定。最後，我們必須做許多決定，因此，簡化是最基本的原則。

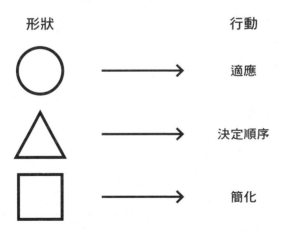

圖2-2　自適簡化的動態過程

形狀		行動
○	→	適應
△	→	決定順序
□	→	簡化

如此一來我們可以邁向富有而有意義的人生。

第二部分

目的

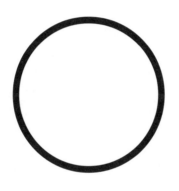

金錢與幸福感重疊的部分

第三章

你可以去的地方

推疊出美麗人生的科學線索

能存活的不是最強壯的物種、或是最聰明的，能存活下來的是最懂得適應的物種。

——查爾斯‧達爾文（Charles Darwin）
生物學家

七落八起。（"Nana korobi ya oki"）

——日本諺語

旅途中那些不太妙的地方

　　蘇斯博士（Dr. Seuss）在1990年時出版了他最後一本作品《噢！你去的那些地方》（*Oh, The Places You'll Go*），那本書很快就成為了書迷經典，並且躍升《紐約時報》小說類銷售榜第一名，這僅只是他作家生涯的一小筆成就而已，他那奇妙的故事五十年來讓讀者們如癡如醉。

　　自首版開始，《噢！你去的那些地方》已經賣出了上百萬冊，不過每個月份的銷售狀況似乎不一樣，通常每年春天高中生與大學生的畢業季節結束，會是此書銷售最好的時節[1]。

　　這不讓人意外，畢竟蘇斯博士的書一直被視為「成長讀物」，故事視角往往從讀者出發，並由此展開一段精彩的旅程，前往各個「精彩的地方」。一路上，蘇斯博士會用燦爛的韻腳與繽紛的顏色描繪你的成功與挑戰，一次又一次地寫著：

　　"不管你飛向何方，你都會是最美好的。不管你走向哪裡，你都會是最耀眼的。當然，有些時候，你不會如此耀眼。因為，生活很難總是如此順遂。有時候你知道，你會混在鳥群之中，你會在其他地方，遇見奇怪的鳥兒們。小心你站的地方。小心地挪移腳步，小心你的分寸，記得，生活就是得四面八方都顧好。記得，靈巧、靈巧，千萬別把腳步錯踩。"

蘇斯看似簡單的小故事裡只用了三百四十個字，就說完人生旅程中的黯淡與璀璨，好與壞的決定。雖然許多地方都有著小小的驚嘆，但是他的訊息非常清楚——事情不會永遠圓滿，即便事情來得圓滿時，那也是歷經許多撞牆期、行遍許多「不太妙的地方」後，才獲得的結果。人生就是個旅程。蘇斯博士教導我們，四處走走看看，好與壞，都能盡收眼底。我們不會一下子就通往「最美好的地方」。即使我們往前進，人生仍舊更像個圓。

　　我認為，蘇斯博士書中所提到的「那個地方」，為什麼能永遠讓人著迷，不是因為那直指了畢業生的眼前風景，而是他話語中背後的深意。當我們越來越年長以後，會遇見更多的「不妙的地方」和遇見更多奇怪的鳥兒們。即便被擊倒了，我們也要懂得欣賞，成功往往在於爬起後的身影。

　　大人們爬起來以後往往滿腦子思考「龐大」的問題。我的人生到底是什麼？我會走向哪裡？我該怎麼抵達那個地方？如果我辦不到怎麼辦？抵達了以後呢？

　　我們不斷地在心底深處自問自答著這些問題。當然這些不會是天天起床後該想的事，不過我們總是不斷地停下腳步，思索再三。事實上，大部分的問題都不會有答案，特別是在旅途的開始時，而我們，或許也永遠不會得到答案。就算偶爾我們已經覺得不錯了，總還是會有些地方讓我們感到磨損，這時候，必須記得保持彈性的重要。七落八起。最重要的是決定往

前行進的決心，和願意順應時勢的應變力。

在現實世界裡，金錢也會走進故事。我要怎麼負擔得起？我負擔得起這個旅程嗎？我有辦法過上有意義的生活嗎？如果把錢考量進來，情況絕對更加複雜。而這種心頭壓力正是為什麼金錢的流動如此令人掛心。當我們忙著賺錢、花錢、存錢與投資時，等同重新改寫人生中真正該重視與願意努力的事物。在財富的幾何學裡的第一關，就是知道你想去哪裡？而錢會帶領我們通往目的地。

這是個滿困難的時刻，只有你擁有決定權。不管是我或是其他人都沒有辦法帶領你到你想去的地方。只有你可以決定如何攀越峻嶺。事實上，我想或許大多數的人都不樂意別人對他的冒險指指點點。不過，我們先別排斥別人的幫助。

有兩種幫助是可能的：幫助我們思考怎樣的人生會是有意義的，以及如何規劃這樣的人生，並且保持在正確的方向上。這個循環暗示著我們或許永遠也沒有獲得答案的一天。以我個人的淺見看來，適應生活中不可預期的豐富變化性，正是這趟旅程裡最有樂趣之處。

幸福的簡史：體驗式幸福 vs. 反思性幸福

數千年以來的文明生活已經讓人類深深思考何謂生活的幸福與豐富。無數的哲學家、牧師與權威人士，無止無休地闡

述如何探索人生的真義。

在現代生活裡，我們習以為常地以「目標設定」，作為詮釋人生幸福的簡便手段。當一定的條件清楚後，人生的路徑似乎變得完全可以預期：一棟優質社區裡的好房子；有足夠的財力基礎養育子女，讓他們朝著正確的方向展開人生，支付他們的大學學費等；擁有舒服的退休生活和尊嚴。這些是錢可以解決的事。雖然聽起來很平凡，但確實很重要。這可說是現代生活的快樂的象徵。

不過這些只是快樂生活的象徵，而非快樂的本身。事實上，人生真正的核心應在於追求與獲得幸福。

亞里斯多德（Aristotle）的著名論點之一為「幸福正是生活的意義與目的，也是人類生存的終極目標與終點。」人類所有的想像力都指向此目標，並為此奮鬥。事實上，自亞里斯多德時代之後的近千年，廣大的「正向心理學」與幸福的科學，正成為心理學界的熱門趨勢話題。令人讚嘆的是，古老的人類幸福思維正巧與現代的心理與精神科學見解不謀而合。

亞里斯多德出版《尼各馬科倫理學》（*Nicomachean Ethics*）與 1998 年美國心理學協會主席馬丁・賽里格曼（Marty Seligman）發表著名演說之間，足足有兩千三百三十九年之遠；賽里格曼被廣大學界視為正向心理學之父。他的演說等同於號召心理學界以嚴謹的科學方式，理解幸福感，他認為「我們根本不懂得如何讓人生有意義，對此，我們的知識匱乏到近乎於

零。」他的論點相當大膽，而不管是哲學、文學、心理學、宗教與其他領域，都曾經熱衷於思辨人生的意義。但是，這之間究竟為何存在著如此的斷裂呢？讓我們回顧歷史，以便探究這最根本的問題。

● 哲學激辯

首先，就字意上而言，沒有任何字詞能夠超越「幸福」所涵蓋的一切。喜悅、樂趣、狂喜、充實、滿足、滿意、歡愉、欣喜、歡樂、開心、興奮，無一能及。檢索字庫，就能知道幸福一詞的重要性。維基百科的「幸福」一詞由三千位作者共寫，並歷經六千次編輯。我所閱讀撰寫關於此議題的每位哲學家與科學家，都不免其俗地討論了幸福真正的意涵。

為了探究幸福一詞的精確意義，並且將之獨立於其他字詞之外，確實讓許多作者掉進了情感與認知的死胡同。亞里斯多德與其同儕不厭其煩地討論「充實幸福」（eudaimonia）一字，該字可以約略解釋為幸福或滿足，不過其背後真正最強大的意涵在於「人的充實發展」，以及將自我發揮至極致。

西元四世紀以前，亞里士多德對伊比鳩魯（Epicurus）學派提出質疑，後者認為幸福來自追求歡愉，並且拒絕痛苦[2]。亞里士多德則認為透過道德實踐，能獲得更為豐盈的幸福感，他寫道，「人類的功能在於實現某種生活……，假如有任何理念值得付諸實現，我們必須竭力達成。如果以此行之，幸福將

會是靈魂與美德共同存有的時刻[3]。」

對亞里士多德來說，追求幸福其實意味著實踐美德的人生。它代表著一切善行的澄澈完整狀態：正義、勇氣、節制、榮譽、仁慈和謹慎。以此觀點思考，其實幸福更代表著一種行動，而非感受。由此看來，幸福其實代表了某種能力。

亞里士多德派推崇充實幸福感，並且排斥伊比鳩魯派強調歡愉，並希望減少人生痛苦的想法。他們認為幸福有其重量，並且代表一個人反思是否在人生中達到極致的可能。而「美好的生活」並不意味任何短暫的歡愉感，而是實踐更有意義、更具道德感的理想。瞬間的快樂與具有意義的經驗截然不同。

圖3-1標示了我們所定義的幸福背後，牽涉的情緒與感覺特質：

圖3-1 兩種截然不同的幸福

體驗式幸福	反思性幸福
歡愉	滿足感
狹窄的定義	寬廣的定義
時間較短	時間較長
享樂的幸福	意義上的幸福
地方的	全球的

在光譜的一端是純然的體驗式幸福,非常伊比鳩魯式的心態。它更近似一種心情或感覺:你感到快樂還是憂鬱呢?像是你在大熱天吃了冰淇淋,或是正準備觀賞熱門電影的那種感覺。你剛剛完成了哥斯大黎加高空繩索旅程或黃石公園縱走等壯舉。又或者你剛與伴侶大吵一架,或是錯過了一場精彩的籃球賽。這些歡愉感或悲傷感都來自隸屬於系統一的「快」腦袋。要感受幸福或悲傷,相當地簡單。

而光譜的另一邊則是反思性的幸福感,也就是亞里斯多德的充實幸福感。這是一種更為深沉的滿足。如同我會在下一章仔細描述的,此幸福感代表著與他人建立更為深刻的關係、鑽研自己熱愛的興趣、擁有自我選擇的自由,或是追尋更有意義的美好感受。這類的幸福感需要系統二的思路,畢竟它代表了更為精緻複雜的自我檢視過程。

反思性幸福聽起來遠比幸福式體驗更有重量。坦白說,反思性幸福更具有重要性。然而,多數的時間我們都在為獲得幸福式體驗而忙碌著。神經科學家塔莉‧沙羅(Tali Sharot)說:「我們的幸福似乎都與更廣泛層面的滿足無關,它往往被自我所感受到的情緒洪流所牽連著[4]。」

我們可以透過時間維度區分歡愉與滿足。要體驗幸福,需要當下的時間感。它的影響時間較短暫,感受的對象也必須在現場(冰淇淋或是高空繩索),此外,它的牽涉範圍較狹隘。而更為深刻的滿足感,時間軸相對較長,也牽連到更為複雜、

寬廣的對應層面。

當希臘哲學家們針對幸福進行辯論時，當時還未有個人自由、科技、工業等概念。即便如此，他們的影響仍舊難以忽視。現代幸福的科學仍舊與享樂式幸福與反思性幸福兩概念息息相關，並且研究人類大腦如何在此間轉換，以及彼此的依存關係。當然，科學自然更為複雜，也沒有絕對清晰的地帶。但是我們仍舊可見正向心理學學界的發展，讓我們不斷地朝更為真實的答案邁進。

• 進入現代

自彼時到現在，並沒有太多事情發生，從希臘羅馬文明衰落的黑暗時代後，至少在西方世界裡，關於幸福的哲學思辨停滯了近一千年。接著，緊接而來的宗教改革、文藝復興和啟蒙運動不僅恢復了哲學對話，也加速並擴展了對話的範疇。

一直到現代個體概念興起後，關於幸福的討論才徹底開展。此辯論從十六世紀開始緩慢醞釀，並到十八世紀開始烽火雲湧，當時社會上開始有異議浪潮，認為至少在理念上，個體有權利挑戰上帝與國家社會秩序。一直要到個人的時代來臨後，幸福感的追求才有了現代性的轉變。而在個人幸福的追求背後，最主要並且深刻的動力應當來自天主教會正統觀念的改革、資本主義和現代科學的早期發展，以及人民對貪官污吏的痛切反彈。

最關鍵的時刻在於十八世紀晚期的大規模革命，讓人們足以追求個人的自由，在此之前，這是僅僅存活於紙上的概念。舉例來說，傑里米‧邊沁（Jeremy Bentham）的功利主義（utilitarianism）倡導更大的幸福原則，他認為當行動能帶來幸福（效益）並且促成社會改變，讓多數人能夠共同享有幸福時，道德性由此而生。這在當時是相當劃時代的想法。邊沁讓全世界陷入了關於自由的思辨，緊接著，近一百年後，「人權」概念以此為基礎而生。

美國可說是對啟蒙思想最為熱衷的國家，一切以下面這句話揭開了序幕：

「我們認為這些真理是不言而喻的，人人生而平等，他們被造物主賦有某些不可讓渡的權利，其中包括生命、自由和追求幸福的權利。」

美國獨立宣言的第二句話，成為人類歷史上的分水嶺。或許這句話早已成為美國文化的表裡精髓，因此很難再那麼深切地體悟其真義，並且理解這或許是有史以來最具革命性的文句。它以輕鬆的散文形式，將匕首深深推進傳統政治與社會秩序的核心。此宣言的激進之處在於其認為人類（好吧，他以男人代稱，而且至今我們仍舊質疑書寫者本身就蓄奴）生來即有追尋充實幸福與自身命運的權利。

不管是在政治思想辯論或社會結構上，美國獨立宣言的期許都為其後的數個世代帶來希望。奴隸制度的消逝、個人自由與選擇權的提升，以及人權的充分發揮，這都是啟蒙時代與個人時代的精華思想遺產。儘管時代不時倒退或遇上橫亙阻礙，但在過去近兩百五十年來，人類社會思潮朝著將個人幸福合法化與極大化的方向邁進，這不僅僅限於個人生活，更成為公共政策的錨定點。

　　美國在二十世紀成為重要的全球文化推手，也讓上述理念隨之推廣開來。第二次世界大戰後，美國不僅在經濟與物質上主導全球，在文化上也展現其手腕。物質主義價值觀與現代消費主義的建構成為美國文化的主軸。我們不妨檢視一下上個世紀美國文化的奇妙產物：生日快樂歌、快樂餐、迪士尼樂園、《積極思考的力量》(*The Power of Positive Thinking*)、自助自救 (self-help) 產業以及現代廣告工業，包括1963年哈維‧布爾 (Harvey Ball) 創造的黃色小笑臉等。上述僅只是幸福產業的眼花撩亂出產物之一，所有的生產都以消費者為接受端點。

　　事實上，1967年的一項重要研究將快樂的人定義為：年輕、健康、受過良好教育、薪資優渥、外向、樂觀、無憂無慮、具有宗教信仰、擁有婚姻關係，並且具有高自尊、工作道德、擁有良好未來憧憬的男男女女，並且可來自任何知識背景[5]。換句話說，理想人生的模樣大概就是「迪克‧范‧戴克秀」(The Dick Van Dyke Show) 主角的生活吧。

讓我們快轉到上個世紀的尾端，心理學家賽里格曼積極推廣甜膩式的幸福新科學。他與一眾研究者與實踐者旨在讓心理學從被動觀點化為主動觀點，並期望全世界能理解「何種行動將帶來美好人生、達到更正面的個人生活、更豐沛的社群能量，與更正義的社會。」

在1998年的演說中，賽里格曼承認了這個新風潮，並且提出兩個棘手的問題，嘗試理解何謂美好的人生。首先，他提到在前所未有繁景盛世下的普遍經濟蕭條事實所帶來的沮喪感。他稱此為「二十世紀末期的主要悖論」，並認為大部分的年輕美國人都有長期的憂鬱感。快樂餐和迪士尼樂園一點用處也沒有。

此外，賽里格曼認為二戰後的社會狀態形塑了當代心理學的走向，當時許多人嘗試著重建自己的人生。心理學專注研究如何讓人們從悲劇中恢復過來，而非讓「正常人在良好的狀態下持續發展」。

儘管個人主義的時代已經有五百年之久，但是研究個人幸福感的科學仍舊相當年輕。該領域已經累積出龐大而豐富的文學地景[6]，我們將在下一章繼續討論豐碩的研究結果與調查。

第四章

什麼最重要？

追求財富前必須釐清的人生課題

> 人類生命最奇妙的地方不在於找到生存的方式，而是找到願意為之奮鬥的事物。
>
> ——費奧多爾·杜斯妥也夫斯基（Fyodor Dostoyevsky）
> 文學家

形塑美好人生的四大要素

2015年時，兩位世界級心靈導師在印度的達蘭薩拉碰面，一起聊天、慶祝他們的生日。在接下來的幾天裡，達賴喇嘛與他的摯友戴斯蒙·屠圖（Archbishop Desmond Tutu）一起暢談生活的燦爛與苦難。

按照《最後一次相遇，我們只談喜悅》（*The Book of Joy*）書裡記述的，兩個人在河岸邊，從人生百態聊到湯夠不夠熱等大大小小的問題（這兩個人比我想像的還要幽默）。當進入嚴肅的人生問題時，話語不斷地圍繞在喜悅和幸福的差別。如同我之前所說的，不管是怎樣的哲人，當我們談起幸福時，一定會討論它的定義到底是什麼。

大主教屠圖認為，「喜悅遠比幸福巨大。因為幸福往往被視為和外在環境有關，但喜悅則不然。」達賴喇嘛非常認同，「喜悅和幸福非常不一樣。當我說幸福時，似乎和滿足有關。」

兩人在原先亞里斯多德表述的幸福之上，加注了新的批判層次。當幸福（我所稱呼的體驗式幸福），與每日所經驗的快樂有關時，要獲得喜悅（反思性幸福）就需要另一層的努力[1]。以兩人所代表的天主教與佛教觀點看來，沒有掙扎與折磨似乎就沒有喜悅。看起來，喜悅正是付出後的結果。

那麼，現代幸福的科學有告訴我們付出代價後，能得到什麼嗎？如果財富意味著對生活感到富足，那麼什麼又能夠代表

富足呢？

我並不是因為在寫這本書，才開始對美好人生的定義感到興趣。我和每個人都一樣，時常都會思考「究竟什麼是快樂？」和「怎樣的生活才算值得？」我從兒時，就開始對這些問題著迷。為了撰寫這本書，我花了上百個小時鑽研各領域對幸福的思考。基於上述的思辨與調查，我認為喜悅的人生主要與下面四個因素有關。那就是：連結（Connection）、控制（Control）、競爭力（Competence），以及社會關聯（Context）。

1.連結
代表有所歸屬的
需求

2.控制
代表有能力主導
自己的命運

3.競爭力
競爭力代表擁有在某
一領域的傑出表現

4.社會關聯
社會關聯代表自我
以外的意義需求

其實，金錢與上述四個幸福要素的關聯，向來極少被仔細討論。它們其實都與富足的生活有關。就讓我們一一仔細討論。

• Tips1：連結

Connection

每隔一陣子，我就會滿心歡喜地帶著孩子們去上學。儘管路程只有短短的五個街口，我總是開心地牽著女兒的手、聽她說故事，一邊分神回答兒子對萬事萬物的疑問，特別是運動。也許有哪一天我會開始討厭這樣多話的時刻，不過，實在很難吧。當我走進學校操場面對成群的老師、家長、小朋友們時，我其實也會微微地感到快樂，和大家一起等著上課鈴響。

當我在人群中時，我很開心見著鄰居和朋友們，這些人都有著和我相似的價值觀和期望。對我們全家人而言，北芝加哥這個樹林密佈的社區，是個非常特別的地方。我和太太在社區中算是相當活躍的角色噢，我們花許多時間，為特定的地方福利議題募款。我相信，當我看見兒子女兒跑向操場上的朋友，並加入幼稚園操場鬧哄哄的人群時，這種感受應該就是歸屬感吧，這就是家啊！

人類是社交動物，而且我們生來就有尋求歸屬感的本能。不管是現在或是過去，為了要感受活著的感覺，人必須擁有自己的社群。社群帶給我們安全感、認同感與意義。部族文化正是人類生活的基礎要素[2]。它超越了時間與文化。

神經科學家馬修‧利伯曼（Matthew Lieberman）在《社會：為什麼我們的大腦希望連結》（*In Social: Why Our Brains Are Wired to Connect*）中寫道，我們的大腦不斷進化，除了解決問題與思考以外，它更渴望與他人連結，「我們進化成需要社交的動物。」他的論點令人著迷，透過數位影像技術，我們甚至可以清楚看見連結所帶來的力量。根據利伯曼的論點，建立連結其實和渴望食物與安全的居所一樣重要：

「在哺乳類的發展歷史上，我們不斷地進化為富有社交性的動物。透過一連串的淘汰，懂得適應代表可以獲得生存與繁衍的機會。我們學習適應並且透過理解他人，我們更能與其他人保持合作與協調的關係……，我們的大腦進化為懂得接觸他人並且與之產生關係[3]。」

這個論點相當具有突破性，大部分的人都誤解了自我的意思。我們以為，真正的自我在於從世界中找到屬於自己的路徑。相反的，與他人的連結創造了我們——我們將傳授給我們的智慧，翻轉出新的語言。其實從某方面來講，思考推理能力的演化目的，也在於解決社會性的問題。「對於社會性超高的人類而言，推理能力也來自於進化[4]。」當我們明瞭即便如此極具個人性的大腦功能都與社會關聯有關時，實在很難忽略部族文化所帶給我們的深遠影響。

社會關聯所賦予我們的生活意義，確實相當巨大[5]。知名心理學家威爾森認為，「關於幸福的調查研究顯示，最快樂的人都擁有相當好的社會關係[6]。」道德哲學家海德特則認為可以用一句話歸納正向心理學，那就是「先考慮別人[7]。」重要的幸福研究者艾德・德耐（Ed Diener）以經驗論證實，與家人、朋友與社群所建立的深厚而密切的社交關係，和幸福感大有關聯[8]。

如果針對與幸福截然不同的孤立感與寂寞感進行研究，將會得到相似的答案。近一百年前，拒絕走出家門、甚至不願走出房間的傳奇作家艾蜜莉・狄克森（Emily Dickinson），形容寂寞為「令人寧可遠離的驚懼」。不顧狄克森的勸阻，現代科學界仍舊針對長期孤寂的狀態進行研究，試圖找出寂寞對情緒與身體的影響。事實上研究證實，寂寞與憂鬱症確實有醫理關聯[9]。寂寞將導致我們的壓力與血壓上升，以及免疫系統功能低落等問題[10]。此外，還會造成知覺下降，此症狀在老年人身上尤其明顯，並可能造成青少年發展遲滯[11]。

不過人類天生的社交性並未決定我們的選擇偏好。有人喜愛與家人親友保持緊密關係，也有人喜歡與少數幾人保持親密友誼，也有人喜歡與地方社群產生連結，好比我的小小芝加哥社區。

以地理關係來看，大部分的人都與自己所屬區域或國家產生強烈連結；不管是信仰、愛國主義或國族主義，都是人類最

強烈的認同感之一。相似的利益關係讓我們更為親近。不管是環保意識、特定的足球隊（本人熱愛匹茲堡鋼鐵人王國隊），或是特定的業餘嗜好團體（划船、棋藝、線上遊戲或愛狗）等，都可能成為交誼的核心認同。而不同的興趣與團體連結，讓我們得以擁有不同形式的歸屬感、愛、安全感、認同或自我價值感（人際連結的薄弱則是近年來的社會主要趨勢[12]。）

我們不僅需要與人產生連結，甚至害怕因為與人衝突所感受到的威脅感與歧異感。史上最受歡迎的荒誕喜劇節目——巨蟒劇團（Monty Python）所拍攝的《大腦的一生》（*Life of Brain*）中的一個橋段裡，「猶太人民前線」與「前線猶太人民」兩團體互相不對盤。僅管兩團體擁有一模一樣的目標（從羅馬人手裡解放猶太人）、儘管兩團體名稱幾乎一模一樣、儘管他們長得根本一樣，但是他們卻勢不兩立。這樣的對立相當荒謬，卻頗有深意。所謂的「他者」正是造成分裂的主因。而得利的自然另有他人。

歷史上向來不乏族群對立的嚴重紛爭，真實的情況恐怕遠比巨蟒劇團的喜劇來得激烈。哈佛大學神經學者與哲學家喬許赫・葛蘭（Joshua Greene）在《道德群體》（*Moral Tribes*）一書中，強調對立的認同非常具有力量[13]。團體間的競賽更是個人認同的主要成型原因之一。根據哈拉瑞（Yuval Harari）在《人類大歷史》（*Sapiens*）一書中所說的，「人類進化後開始試著將他者區分於我們之外。」所謂的「我們」代表親近於你的團體，

不管你是何人，而「他者」則是其餘人等。事實上，從未有任何社交型動物會將所有物種的利益視為歸屬感核心[14]。

對於高等動物如人類而言，我們隨時都在將自己劃入不同的族群類別之中。基督教、回教、猶太教各自對立。新教徒與天主教徒對立。遜尼派與什葉派對立。美國與俄羅斯對立。印度與巴基斯坦對立。保守黨與共和黨對立。勞工與資本家對立。瘸幫和血幫對立。皇家馬德里隊與巴賽隆納隊對立。鋼人隊與孟加拉虎隊對立。我相信，任何人都可以在短短幾分鐘之內，寫出漫長的名單。

難道在1992年羅德尼‧金（Rodney King）種族暴動事件後，我們仍舊不能和平相處嗎？我相當懷疑。部族主義深植於人心，而沒有「他者」，就無法建立緊密的群體連結感。然而要加入任何群體都必須付出一點代價，沒有一點痛苦犧牲，怎能換來快樂呢？

 社交連結感為我們帶來自我意義。

• Tips2：控制

Control

人類渴望控制。我們希望可以決定自己的人生。我們不想要聽天由命。我們天生的本能就帶有自我決定的意味，而自我認同更是人類特殊的情感之一。

不管對任何生命來說，最根本的本能自然是求生。我們有生理需求——食物、水、空氣，這些是我們賴以為生的元素。但是我們也有內在需求。其中之一正是剛剛提到的連結感。另外，則是自主權（沒錯，這兩個需求滿矛盾的，我們會在本章最末討論）。我們希望有權為自己與重要的人選擇人生。

1958年，哲學家以賽亞‧伯林（Isaiah Berlin）以精湛的文筆如此描述自由的本質：

「我希望自己的人生與決定都操之在我，而非任由其他外力作決定。我希望成為自己的工具，而非其他人的，任憑他人意志操控。我是主體，而非隨波漂流的客體……，我僅僅跟隨著自己的意志而行，而非其他決定因素，絕非由外來影響定奪。我希望成為重要的人，而非無名小卒，成為行動者、作決定，而非被他人決定，我自己決定前途，而非為其他男人，或其他因素而定，我並非牲畜，亦非沒有地位的奴僕[15]。」

研究結果顯示，伯林的形容相當確實。在一項調查裡，心

理學家愛德華・丹希（Edward Deci）與其他研究者發現，為人生設下準確目標的人，遠比毫無目的或聽從他人意見的人，更能投入在工作裡，前者遠遠更具有學習力、生產力，也會得到更多的快樂[16]。自主性較強的人往往更投入在工作裡，而這樣程度的努力往往讓他們的表現更為出色，並且獲得更充實的內在滿足感。相反的，出於責任或脅迫的人往往缺乏動力，甚至像是開倒車一樣，發展緩慢。

而且，即便在相當模糊的情況底下，人們仍舊喜愛能夠控制的感覺。數年前心理學家愛倫・蘭格（Ellen Langer）發現，人們往往高估了自己能夠控制情況的能力。蘭格與其他研究員證實，正是出於能夠「控制大局」的幻想，人們做出了相當不可思議的決定。舉例來說，在一項樂透實驗裡，研究者讓人們能夠選擇隨機選號或是指定號碼。儘管中獎獎號遠在開獎前就已經決定，不管隨機或是任意選號，都不會提高中獎機率，但是自己選號的參加者們卻表現出更強烈的中獎信心。當他們被要求換號，以取得更高獲獎機率的彩券時，這些人甚至拒絕交換。這讓實驗者相信，即便在人們無法控制的情況底下，他們仍舊願意相信自己握有控制權。

我們所感受的自由程度，似乎也與幸福感有著極高的關聯性。在一項歷時四十年的全國調查裡，密西根大學政治科學家羅蘭・英格哈爾（Ronald Inglehart）觀察到，「經濟發展、民主化，以及社會包容性，都可以加強人們認為自己握有自由選

擇權的信念，並提高幸福感[17]。」

雖然研究結果相當符合日常經驗，但是事情沒有如此簡單。第一，雖然擁有更多的自由與選擇相當不錯，但是其正面效應也有可能會遞減。當人生必須面對太多選擇——投資、消費、教育、健康與休息時，過多的選擇有可能會降低我們的幸福感受。心理學家貝里·史瓦茲（Barry Schwartz）提出「選擇的矛盾」（paradox of choice）的概念，他認為當我們希望擁有更多選擇時，過多的選擇反而讓我們感到痛苦[18]。他的看法和賽里格曼互相呼應，後者認為，儘管西方世界的經濟狀況大幅提升，但是憂鬱症卻成為無可忽視的社會浪潮。

第二，我們不應該混淆了自主權與失控的自由感。當然，有些人會希望毫無限制地滿足自己的需求，並視自己的能力為生來即有的權利。但是要在哲學家愛茵·蘭德（Ayn Rand）的小說裡扮演荒謬的英雄並不會幫助我們找到人生的意義。事實上，有時候，正是那種稍縱即逝的自由感讓我們知道人生為何而活。

人性的最大矛盾點之一在於，往往在自由被剝奪時，我們才看見了人性的價值與光輝。不管在現實生活或是藝術世界裡，就在人們被剝奪身體自由與基本權利時，我們目睹了最美好的奇蹟。以下將列出幾個對我而言意義相當深遠的人物：

● 維克多·法蘭柯（Victor Frankl）：納粹集中營生還者，

《人類所追求的意義》（*Man's Search for Meaning*），「住過集中營的人都會記得，有些人總是不斷地鼓勵其他人，甚至把自己最後的一片麵包送給別人。雖然這樣的人不多，但是他們讓我們相信，你可以奪走一個人所擁有的一切，但不能決定他要以什麼樣的姿態，面對自己的處境，這只有他可以決定。」

- 亞歷山大‧索忍尼辛（Alexander Solzhenitsyn）：蘇聯集中營生還者，《古拉格群島》（*The Gulag Archipelago*），「結果正當我倒在腐爛監獄的稻草上時，突然感到一陣快樂。慢慢地我才發現，善與惡的分界點不在國家、階級或政黨之間，而在每個人的心底。當我回首那漫長的牢籠歲月時，有時連我都感到詫異，感謝此生曾經蒙受牢獄之災。」

- 詹姆斯‧史托迪爾（James Stockdale）：北越戰俘生還者，《戰火下的勇氣》（*Courage Under Fire*），他在四年牢獄的折磨與迫害中，思考愛比克泰德（Epictetus）學派與古老的斯多葛哲學思想，他這麼寫道，「每個人都帶著自己的好與壞、厄運與好運、悲慘與幸福而來⋯⋯，苦難在此，悔恨則摧毀人心。」

- 電影《刺激一九九五》（*The Shawshank Redemption*）主角安迪‧杜佛蘭（Andy DuFresne）說，「我說真的，到最後一切都很簡單，你可以拼命求生，也可以拼命求死。」

如何詮釋自己的處境、決定自己的高度，以及如何應對困境，都將成為我們內心力量的泉源[19]。

我們希望決定自己的故事將如何開展。當我們選擇如何說出自己的故事時，代表我們找到了自己的意義。我們是自己筆下小說的主角，並且可以隨意地修改情節與敘事。當一個人可以選擇自己擁有什麼樣的故事、擁有什麼樣的未來時，他們自然比沒有選擇的人更加滿足[20]。故事賦予我們意義，特別是當故事朝著遠方邁進時。當我們認為自己正朝向目標前進時，我們會更能察覺背後的意義與動力。我們就能擁抱今日神經科學界所稱呼的「未來的自己」，我會在下一章繼續討論這個概念。

在不斷計劃與調整的過程裡，如何展現意志力（在事實發生以前的控制）與彈性（在事實發生之後的控制）則顯得相當關鍵[21]。在心理學家馬克·索里（Mark Seery）的大規模長期調查裡發現，「那些在人生經歷中遭遇過部分磨難的人，不僅比一直處在逆境中的人擁有更健康的心理狀況，甚至比從未經歷過逆境的人，也來得健康[22]。」

除此之外，心理學家安潔拉·達克沃斯（Angela Duckworth）觀察發現，美國西點軍校在開學幾個月內就有大批學生遭到退學，儘管資料顯示，這些學生都是全美最優秀的人才。達克沃斯認為，真正能留下來的人比被退學的人多了一份熱情和毅力，她稱之為意志力（grit）。心態正確的人才留得下來。雖然說，「殺不死我們的讓我們更堅強」這句話已經是

美國文化裡的老梗了，但卻很實在。

> 主導與定義自己人生的能力，帶給我們無限意義。

• Tips3：競爭力

Competence

近二十年來，雪儂‧麥爾卡錫（Shannon Mulcahy）受僱於萊克斯諾集團（Rexnord），該公司專精汽車與其他運輸工具零件的製造。《紐約時報》以頭版的方式報導了雪儂的故事，她的故事可說是全球資本主義底下屢見不鮮的案例[23]。

從二十五歲開始，雪儂就在萊克斯諾的印第安納波利斯工廠內擔任鋼鐵工人。雖然她高中沒畢業，但是她卻努力不懈，成為工廠中製造訂製軸承的專家，這份工作不但需要高超技巧，也相當危險。

2016年時，萊克斯諾集團宣布將印第安納波利斯廠，分別移往德州與墨西哥的工業區。這個變動讓雪儂承受兩次打擊。首先，她失去了收入。但是她還是有許多帳單得繳──不動產、電費、瓦斯、食物，她不但得負擔女兒在普渡大學的學費，還得照顧長期臥病在床的孫子。

再來，雪儂失去了自我認同與驕傲。在她備受打擊的人生中，她歷經離婚、家暴、甚至多次瀕臨貧窮底線，但是身為鋼鐵工人，是她相當自豪的一部分。雪儂認為這份工作「給了我自我的意義，甚至可說是解放了我。」儘管工廠營運每況愈下，她也接下了培訓替代員工這令人感到沮喪的工作，但是她仍舊說，「我還是在乎。我不知道為什麼。這變成了我的認同。我的一部分。」

道理顯而易見：我們工作是為了賺錢。我們賺錢付帳單。雪儂失去了工作，這個打擊非同小可。我們在本書後面還會繼續討論，事實上，如果收入是來自工作所得，那麼生活會「更快樂」，甚至「更好」。

不過工作不僅僅與錢有關。我們的「工作」也和人生的意義有關。它定義了我們。（當你碰到陌生人時，對方會問你什麼問題？）如果能夠在自己喜愛的領域表現傑出，將帶給我們非常豐盈的滿足感。當我們磨練技藝，循序漸進地得到更好的成果，並帶來正面的影響，這絕對讓人感到愉快吧。

當我們的勞動受到輕視、貶抑，並因為種種厄運而遭受打擊時，我們的內心必然遭到不可忽視的磨難。對人們來說，透過自身的勞動貢獻與表達自我，絕對是無法取代的經驗之一。

1970年代初期，全美工業沒落，專欄作家與評論者斯杜茲斯・泰克爾（Studs Terkel）在《工作》一書中訪問美國工人，詢問他們的工作種種[24]。儘管此書出版已近五十年，但是泰克

爾所描繪的故事和雪儂的經歷如出一轍。泰克爾的觀察認為，工作不但「代表了每天的伙食、也代表人生的意義；不但代表鈔票，也代表認同；它與喜悅緊緊聯繫，我們的心情無法不被牽動。簡單來講，我們因為工作，而體驗了某種生活，而不是從週一到週五反覆地死去。」

那麼為什麼會有那麼多人厭惡工作呢？那是因為他們無法與自己的工作產生連結、感到刺激、新鮮或備受啟發。經典喜劇片《上班一條蟲》（*Office Space*）精彩地描述了一間公司裡的員工們每天無止盡地填寫「生產評核報告」，並在不同部門間不斷地遞送這份報告。這部電影的好笑之處在於它精準地拍出了大部分人的工作內容，至少有部分的真實吧！事實上，研究顯示僅有極少部分的人能夠對工作內容有感。麥肯錫研究報告顯示，在某些國家裡，僅有百分之二至三的極低人口比例，對自己的工作內容有感[25]。

勞動者們為了什麼而努力呢？每個人都需要付帳單。我們需要生活。在這個情況底下，我們必然相信如果要獲得更好的薪水或升遷，就必須更努力地工作、提高工作品質、與更多的人合作，減少阻礙。同樣地，當我們感覺到有被減薪或不利的工作調動的可能時，會立刻改善生產品質。

然而，這種本能其實基本上是相當無用的。在一相當經典的實驗中，執行有趣的工作後獲得獎勵的人，日後並不會比那些完成工作卻沒有得到任何獎勵的人，來得更有動力。研究組

織機構的專家丹尼爾・品客（Daniel Pink）在《動力：究竟是什麼推動了我們？》書中寫道，「人們常常徹底被獎勵與懲罰制約，其實這絕對是一件壞事。」當我們過度重視外在獎勵與懲罰時，往往壓抑了來自自身的動機、破壞了表現性與創意、排擠了原本好的作法、促成投機行為，甚至造成上癮、短線操作與思考[26]。」

研究顯示，胡蘿蔔與棍子法則根本起不了太大作用，不過強烈的正面反饋確實會強化本能的反應。「不管是懲罰、時間限制、成效評估或監督，都會壓制人們原本的動機，而當人們擁有可以選擇的權利，或是情感或觀點被認同時，動力自然會更加強大[27]。」這種動力代表一個人對自己技能的高度掌握與成就感，不但能提升個人的滿足程度，同時也能壯大組織。

但是，通常工作也是在奮鬥與努力後才開始顯現其意義。著名人類動機專家卡蘿・德維克（Carol Dweck）寫道，「努力是賦予人生意義的重要步驟。努力代表你在乎這件事、這件事對你而言很重要，而你願意付出心血去成就它。如果人生中沒有值得珍惜而願意付出極大努力去完成的事的話，那我們的存在就變得相當貧瘠[28]。」德維克的論點相當具有說服力，努力這件事本身就值得重視。

意志力、毅力與彈性，這些都與我們之前談論的「控制」有關。競爭力也讓我們看見幸福與人生的意義如何彼此相連。對許多人來說，要得到專業上的傑出成就，不免需要勤奮工作

與犧牲許多事。這並不「好玩」，至少不是普通定義下的好玩。確實，在我人生裡的許多有意義的工作經驗都經歷過相當痛苦的一番波折，爾後奮力朝著目標邁進——念完研究所、不斷地旅行尋找投資標的、考取特許金融分析師執照和撰寫第一本書。這些過程有血有淚（痛中帶笑？）我在此之中學到了不少寶貴的教訓，所有的經過仍舊歷歷在目。

重點並不是工作，而是努力工作。

我們透過自己所擅長的事，找到人生的意義。

• Tips4：社會關聯

Context

1968年4月3號，民權運動領袖馬丁‧路德‧金恩（Martin Luther King Jr.）在田納西州的曼菲斯向群眾發表演說。他以激昂的語調說，「全世界正在騷動。人民全部站起來反抗了。」他談了社會進步、談了團結、談了鬥爭。他以堅定的語氣談論革新，而非報復。他帶給人民憧憬與恐懼，演講的最後他說：

「我不知道會發生什麼事。我們的前方困難重重。但是我不擔憂，因為我已經看過了山巔的風景。而且我也不在乎。我

和每個人一樣，希望再過上很長的日子。長壽似乎很好。但現在的我真的不在乎。我只想跟隨上帝的旨意。他會讓我站上山巔。然後當我的視線飄過山頭，我會看到一塊受允諾的土地。或許，我無法與你們一同到達那裡。但是，我希望你們知道，今晚，我們所有的人，都將抵達應許之地。」

隔天，年僅四十三歲的路德博士遭到暗殺。

他的旅伴安德魯・楊（Andrew Young）之後談到，「他永遠在為最後一次的演說做準備[29]。」每一個人包括楊、甚至路德博士自己，都知道這是無可避免的一天。看著他的演講稿，我們知道路德博士早已深知前方的危險。他睜大雙眼，逆勢直行，他清楚地知道有比他的生命更重要的事情值得守護。

犧牲，或是殉道，早已成為人類古老文明的一部分。我們為比自己更為偉大的信念捐軀奉獻。我們希望、甚至渴望自己的生命能夠與世界融為一體。賽里格曼認為，人類想要找到「生活的意義與目的。」人們希望自己「能夠成為更遠大世界的一部分[30]。」當我們面對人生的抉擇時，有時候，會希望自己的重量，遠遠地超過眼前的一切。

以路德博士而言，他所認定的人生的意義，應該與神以及公民運動有關。當然，有許多事情都能讓我們感到偉大，但對許多人而言，最可以實現的途徑往往與宗教或心靈活動有關。不管是以象徵意義或實質意義來看，人類往往將生命的奧祕投

射在天堂的概念之上。猶太教學者亞伯拉罕·赫希爾（Abraham Heschel）曾經精湛地描述，「宗教的起源來自於人類以為有更高的意志在呼喚他[31]。」我們不斷在生活中尋找奇蹟。數千年以來，信仰一直是我們所探索的星。

但是，天空仍然滿佈無數的星星。無數的男男女女為了國家或部落犧牲了自己的性命。我們曾經閱讀過多少關於征戰的犧牲與奉獻的故事呢？不管是在現實世界或是文學的世界裡，好人總是為了保護別人而奮戰，壞人則是為了私慾逞鬥。英雄總是與週遭的世界有所關聯。

• 四個圓形的交融作用

當信仰與愛國主義成為人生意義的選項時，我們似乎可以來討論上述的所有概念是否有可能交會？所謂的與環境有所連結，意味著「與所有人有關」，這也代表了前面提過的「充實幸福」概念。讓我們看一下右邊這張圖。這是我自己想像上面提過的四大要素互相重疊時的狀態。

三個圓圈互相疊合，而社會關聯的圓則包含了其他三個小圈。或許我們可以把社會關聯圓圈看作是第四個圓圈，並且與其他三圈互相疊合，但是目前的心理學界更傾向相信：人們希望自己能附屬於更偉大的夢想與概念。

究竟，我們每個人如何決定什麼是人生中最重要的事呢？當我們在經歷人生的高低起伏時，我們仍舊不會捨棄心裡覺得

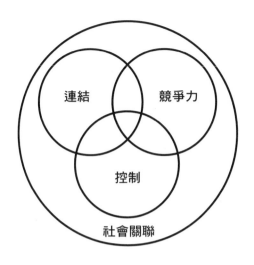

重要的事物。我們以最實際的方式前進。工作很糟，但家庭更
重要。離婚很痛苦，但至少我們還有朋友。以上。不管在多麼
艱險的風暴之中，我們終究可以找到停靠的港灣。

　　當不同的元素疊合時，將帶來更強烈的協同作用
（synthesis）。以宗教為例，當信仰與宗教組織結合時，能同時
引出強烈的連結感以及社會關聯。心理學家海德特犀利地指
出，「不管宗教的起源為何，幾乎所有的宗教都結合了複雜的
社會性元素，包括儀式、故事與規範，用以壓抑自我，並將個
人精神提升至另一個更高的層次[32]。」再來，愛國主義也與連
結感與社會關聯的兩相疊合有關，畢竟國家與部落都起源於相
似的迷思。但是不管是追求國家獨立或個人命運的自由，都仍
必須在可控制的範圍內遊走。我們再看看第三種例子，運動員

往往會將競爭力與連結串在一起。幾乎訪問每個專業的前運動員，所有人都會認為最讓人想念的並不是運動本身，而是團隊合而為一的感覺。

不過上面顯示的並不僅是正面的協同效應，它也呈現了可能的深層角力。其中最顯著的例子或許是個人與團體的衝突，也就是控制與連結之間的張力。你希望以自己的期望前進，還是跟隨團體的腳步？我們可以用最簡單的生活經驗來解釋，好比幾乎每一部關於青少年憤怒的電影，都與青少年的社會壓力有關，電影中的青少年所面對的最大問題多半是如何「做自己」。我們每一個人都是《早餐俱樂部》（*The Breakfast Club*）的片中人物。當然，嚴肅來看，團體與個人之間的張力，也很有可能成為人生中壓力與悲傷的來源。

這種張力並不容易克服，這點和天性有關。包括著名的演化生物學者理查・道金斯（Richard Dawkins）在內，許多人認為「個人」為物競天擇過程裡最重要的單位，但是也有許多學者認為，若以證據來看，「團體」才是大自然中最基本的單位[33]。我本人並非演化生物學家，所以無意判斷孰是孰非。但是，我確實可以看見一條明晰的道路：如果想要在人生中體驗更為豐富的滿足感，我們必須決定自己的命運，但這不代表自私自利。這牽扯到相當精巧的平衡——我們必須同時擁抱與排斥本我。布芮尼・布朗（Brenè Brown）給了我們很好的啟發，「真正的歸屬感來自於確實地相信自我，以及圓滿地擁抱自

我。並且不管從屬於任何團體或是單獨面對世界時，我們都能感到無比的充實、靜謐[34]。」

對你而言，生命裡最豐盈的是什麼呢？是一件特殊的事，或是許多交織在一起的故事？你的想法有隨著年歲流走而改變嗎？你的幸福來自不斷地嘗試與努力，又或者，來自一番機運與奇蹟？這些問題都沒有絕對的答案。但是前述四個圓圈的圖形只是給我們機會思考，究竟對我們而言，什麼才是重要的？我們也可以思考，自己的想法是否隨著年紀的增長而有所變換。

能將自己視為更偉大的事情的一部分，將為我們的生命帶來意義。

結論：從小確幸到深層幸福的關鍵

這就是我想說的。所謂有意義的人生正是如此。它代表了有所歸屬的感覺、對控制自己的人生的能力的自信、能在自己認同的領域裡發揮所長，以及與自身以外的社會有所連結。如果真要分析起來，這張名單恐怕永遠也列不完。不過，我希望讀者們都能夠更為清晰的追求，同時擁有財富與深層意義的人生。

下面的圖表，為我們做了簡單的總結。我把控制與競爭力歸類在內在活動中，畢竟這與個人似乎更有關係；而連結與社會關聯則被歸類在個人之外，並與社會層面交互關聯。但是我們同時別忘了，就像達賴喇嘛與屠圖所說的，沒有掙扎與奮鬥似乎就沒有喜悅，這正是從小確幸轉化為更深層幸福的關鍵。

圖4-1　檢驗人生的四個標準

分界	起源	解釋	衝突
內在生活	控制	控制與定義自己人生的自主權	競爭、意志力
	競爭力	擅長某種重要的專業或技能	努力、犧牲
外在生活	連結	與社交圈或社群的連結感	團體衝突
	社會關聯	在自我之外擁有更深層的意義	排定優先順序

以下的這個圓圈，則說明了撰寫與修改自己的故事的過程。這個過程代表了不斷的改變與成形。這不是一個令人能夠輕鬆以對的問題，相反的，人生的故事充滿了失望與悲傷，我們無法避免一路上將遇見的種種阻礙。幸福不是一個形容詞，而是過程，甚至可以說是一種能力。

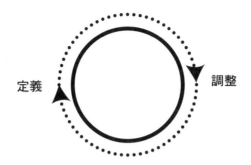

　　現在，讓我們把金錢考量進來。如果富有代表對現實狀況感到滿足，那麼先前的幾個章節裡，我們似乎只談了問題的一半。我們必須知道如何能負擔一個有意義的人生。老實說，要在日益複雜的世界裡擁有有意義的人生，代價相當昂貴。富有與有意義，兩者間沒有任何必然的關連。

　　那麼，要負擔得起能夠擁有連結、競爭力或控制的人生，有多難呢？我們不必為了獲得意義而寫支票吧？

　　還是，其實需要呢？

第五章

錢，可以買到幸福嗎？

是、或許不是，看情況吧

> 我不在乎錢，錢買得到愛嗎？
>
> ——保羅‧麥卡尼（Paul McCartney）
> 披頭四樂團主唱
>
> 那些會說錢買不到幸福的人，是不是不太會買東西？
>
> ——葛楚‧史坦（Gertrude Stein）
> 作家與詩人

景氣越好，你就越快樂嗎？

　　錢真的買得到幸福嗎？我認為答案為：是、或許不是——看情況吧：

- 是的：首先，直覺來想，錢當然買得到幸福，富有代表遠離貧窮，貧窮不但令人絕望、甚至能造成相當大的傷害。錢可以減輕人們的痛苦；也可以換得短暫的歡愉。而且，金錢也能重新改寫人生中的快樂時光。
- 或許不是：幸福不見得與物質生活有關。貧窮的人也能感到滿足，很多時候，有錢的人更是可悲。我們日常生活中所面對的愛往往與錢無關。用錢換取快樂與解除憂愁往往有其限制。
- 看情況：關於幸福的科學可說是一門嶄新的學問，我們對任何事都尚未有定論，因此，在討論幸福時，我們必須對未知與模糊的地帶保持開放的心態。

　　每當我們用「這問題很複雜」來面對提問時，聽起來似乎有點馬虎。但是思及目前的研究進展，這確實是再真實也不過的答案。此外，這樣的回答也能與自適簡化原則互相包容。

　　在我們提問之前，必須先了解前後的歷史脈絡。近幾十年來，甚至是幾百年來，人類的物質發展基礎突飛猛進[1]。綜觀

人類史，人們曾經面對骯髒與艱險的生活環境，活得也並不久。十八世紀中期，工業革命興起，當時歐洲人口的平均壽命為三十五歲上下，儘管當時的高流產率拉低了不小的平均壽命值[2]。而美國在革命前的數據也不相上下。

而現在，我們的生活狀態早已大幅改變[3]，我們擁有較多的財富、健康狀況與平均壽命。即便對物質生活並不富有的人們來說，也較以往承受了較少的壓迫。過去兩百年來，全球的貧窮問題大幅減輕。然而，對諾貝爾經濟學獎得主安格斯·迪頓來說，這不見得全然是好事，他的研究結果顯示，當社會中的部分階層生活水準提高時，往往造成更深的不平等，並帶來健康、政治與社會的挑戰。當許多人擁有幸福的同時，也有很多人陷落失望的深淵。儘管如此，正在閱讀本書的讀者們，仍舊是生在相對舒適的年代。

生活變好了，但是我們有更快樂嗎？當我們檢視不同的社會時，較為富有的個人真的擁有更充實的人生嗎？或許，除了哲學家的說法以外，我們應該聽聽科學界的觀點。亞里斯多德與其他學者提供了極富邏輯的論述，但是證據也能說話。儘管有無數的研究環繞著此議題進行，但是文學界仍舊對此抱持著「寬泛而不設限」的態度[4]。有許多跨國與美國國內的研究指出，生活條件好壞與幸福成正比，但是也有許多報告提出徹底相反的觀點[5]。

我們該相信哪個說法呢？

兩種幸福的結果：快與慢，快樂與悲傷

康納曼與迪頓一起為「快樂」的定義做出更深刻的研究[6]。他們的結論與亞里斯多德、達賴喇嘛一樣，都與語義學息息相關。兩人針對超過四十五萬名美國人進行調查，並認為高所得確實會帶來快樂，但是其體驗與思辨後所獲得的感受並不相同[7]。

此項調查指出了一個重點「個人如何反觀自己的生活，與他們真正的體驗並不相同」。換句話說，古典的伊比鳩魯式幸福（體驗的）與反思性幸福（思辨後的）的差異確實存在。此外，調查也驗證了系統一與系統二的思考模式，分別與不同類型的生活滿足有關。

康納曼與迪頓以兩個方向進行辯論。首先，對年收入近7萬5,000美元的族群，也就是所謂的中產階級來說，金錢對日常生活的影響其實不大。該份調查詢問受訪者昨日情緒的強度與密集感——個人日常生活的情感狀態；其中包括「喜悅、著迷、焦慮、悲傷、憤怒與愛，種種讓人對生活感到快樂或悲慘的情緒。」在一定的範圍之內，豐厚的收入確實會帶來正面影響如圖 5-1。

要解釋這條往上遞增的線條很簡單。對低所得人口特別是相對貧困的族群來說，要滿足生活基本需求其實不容易。人總要在食物、住所、藥品以及其他基本所需獲得滿足後，才有可

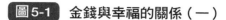

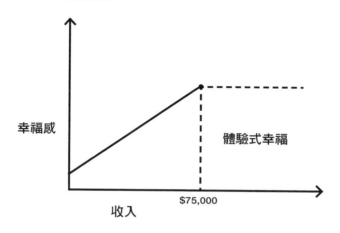

圖 5-1　金錢與幸福的關係（一）

幸福感

體驗式幸福

收入

$75,000

能擁有幸福感。

　　當年收入超過 7 萬 5,000 美元的臨界點後，再多的收入都很難帶來額外的正面影響。不管是對年收入 10 萬或是 100 萬的人來說，好心情或壞心情隨時來來去去，我們也學會適應生活水準的高低。對中產階級而言，收入早已帶來基本的安全感，當收入越過此線，也很難再帶來額外的體驗式幸福。

　　康納曼與迪頓的第二項發現似乎讓人更吃驚。兩人發現，即便個人收入超過特定標準，反思性幸福感仍可無止境的持續上升。請參考圖 5-2。

　　此調查以心理學家海德利・康特爾（Hadley Cantril）的自我感趨量表[8]（Self-Anchoring Scale）為依據。在正向心理學的領域裡，自我感趨量表不但被廣泛使用並且具有高度的可信

值，人們以此量表衡量生活快樂程度與幸福感。該量表的問題如下：

「請試著想像眼前有一道階梯，從底部到最上層共有十個台階。假使階梯頂部代表你所能感受的最快樂的生活，而底部代表你所能感受的最痛苦的生活，你認為現在自己正在第幾階？」

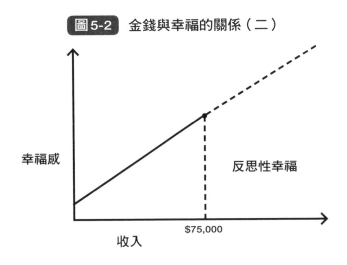

圖5-2 金錢與幸福的關係（二）

康納曼與迪頓無法找出反思性幸福與收入增加兩者間停止連動的滿足點：高所得會提高康特爾自我感趨量表的得分，即便在極度富有的族群裡也不例外。其他幾個大型的研究計畫也證實收入與反思性幸福間有著相當確切的關聯性。一份調查

報告如此紀錄：「雖然多數人都深信當所得超過某個界線後，收入增加已經不再有可能帶來更多的幸福感，但數據卻持相反意見。」換句話說，錢確實買得到幸福呢[9]。

不過值得留意的是，上述調查仍與個人的背景與日後所獲得成就間的差異有關。好比加薪 1,000 美元對大學剛畢業的社會新鮮人來說會是非常不得了的大事，但是對某企業的執行長來說，就沒有太多重要性。因此，儘管伊比鳩魯式的幸福感與收入確實有正相關，但是並不代表年收入 100 萬美元的人會比年收入 10 萬美元的人快樂十倍。對收入極高的族群而言，薪資的增加已不再具備絕對的重要性，其他因素有著更巨大的影響力。

我將康納曼與迪頓的兩項研究結果合併為圖 5-3，以凸顯金錢與幸福對我們似有若無的影響力。

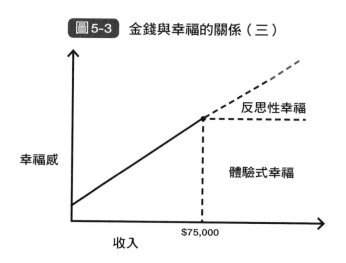

圖5-3 金錢與幸福的關係（三）

反思性幸福

體驗式幸福

幸福感

收入

$75,000

每個人所認同的幸福感，在形式上大不相同。亞里斯多德認同「充實幸福」，並與伊比鳩魯的看法相左。我們將時間快轉數百年，康納曼似乎更傾向體驗式幸福，認為每天的日常經驗將帶給我們人生極大的影響。但是我不認為事情能夠如此非一即二，同樣的，我們也不可能在系統一與系統二之間擇一行之，兩者其實密不可分。事實上，心理學家賽里格曼曾強調要得到真正的「成長」，人們必須同時參照體驗式幸福與反思性幸福兩種指標。

 金錢會帶給體驗式幸福與反思性幸福不同的結果。

通往財富之路的三個分岔點

我們必須從自適簡化的觀點來思考上述結論，畢竟這正是通往財富的道路。為什麼當我們的收入超過一定水準後，每天的情緒起伏已經不會再與金錢有所關聯，但是擁有越來越多的錢仍舊會讓我們擁有更多的充實幸福感呢？

我們可以從三個側面來思考這個問題：

1. 我們通常很快地習慣生活中的舒適感。

2. 缺錢帶來的悲傷往往比有錢帶來的快樂來得更明顯。

3. 如果能夠善用金錢，金錢能夠改寫幸福人生的四大因素，後者正是反思性幸福的組成單位。

讓我們再更進一步的討論。

• 停滯不前

「幸福存在於你還沒開始奢求更多的時候。」這是《廣告狂人》影集中的廣告界天才丹‧德烈普（Don Draper）想出來的文案。不管是在亮光漆廣告或捷豹跑車的廣告裡，都可以看見德烈普如何掌握人性的動機。通常在我們想要的更多以前，我們擁有的正是真正渴望的東西。

德烈普的觀點和大部份鑽研幸福科學的研究者的結論相當一致，也就是所謂的「享樂適應」，我們總是相當習慣生活中美好的部分。因此，通常體驗式的幸福感會稍縱即逝。

享樂適應讓我們無法對未來的幸福做出更好的決定，特別是當體驗式幸福早已形塑了日常生活的每一個部分，滲透至生活中的大大小小層面。儘管社會進入前所未有的繁榮時期，但是當生活素質開始變好時，我們的期望也逐漸攀升，這在無形中帶來了另一種的失落感[10]，並且成為左右健康與幸福的重要因素。舉例來說，一直到近年來，很多國家才剛剛走出了高嬰兒死亡率的陰影，可是對新的世代而言，儘管醫療技術的提升

與生活風格的轉變讓嬰兒死亡率大幅降低，但是人們早已對未來擁有完全不同的想像。

創新帶來了科技的進步，好比電力、運輸工具、室內管線、航空旅行、空調、冷藏系統、洗碗機或手機。富有的世代沈浸在「奢侈的陷阱」之中，原本被視為前所未見的新奇事物，往往在不久後就成為人人唾手可得的生活必需品。我不敢想像沒有冰箱或飛機要怎麼生活，不過祖父母輩想必沒有這層恐懼。時間過得越久，新奇的事物終將歸於平淡。

在微觀的層面看來，我們的日常生活常常被所謂的「享樂跑步機」（hedonic treadmill）概念給定義，這代表我們的好壞感受總是加速消散。在一項著名的研究裡，心理學家們比對半身癱瘓者與樂透得獎者如何適應自己眼前的命運，結果顯示兩組研究對象都相當快速地適應了當前生活，大部分的人所感受的悲傷與幸福感，都與重大事件發生前相差不遠[11]。

我們總是努力地抬起雙腳，繼續往前邁進。每隔一段時間，當某人獲得或繼承了一大筆金錢足以購買「夢想商品」時，往往不久之後又回到日復一日、一模一樣的生活節奏，事實上，名車或豪宅並不能帶來長久的滿足。如此，那些快速致富的人們往往低估更有意義的人生追求。那些因為新奇嗜好而吸引而來的「新」朋友們，讓你的社交生活逐漸崩壞，無所事事也剝奪了從勤奮工作後獲得的滿足感。即便我們有可能對生活更有掌控權，但一股空虛感卻悄悄地瀰漫了開來。

悲劇的背後也有相同的邏輯運作著。災厄或乖舛的命運確實會帶來痛苦。但是在一段時日以後，人們也會開始慢慢地習慣「新的正常狀態」，原本的內在風景因而徹底改變。

我們可以舉著名的天文物理學家史蒂芬‧霍金（Stephen Hawking）博士為例，他在相當年輕的時候得到神經疾病，就此嚴重癱瘓。在他獲得極高的專業成就後曾經表示，「在二十一歲的時候，我對人生的期待降至為零。之後的每一件事對我而言，都是意外所得[12]。」我們也不妨想想〈第四章〉所提到的法蘭柯、索忍尼辛與史托迪爾等幾位超脫厄運的英雄們。

儘管日常的體驗式幸福與始終加速進行的「享樂跑步機」有關，但是這並無法否認通往目標時所帶給我們的充實與喜悅感。我們對未來抱有希望與夢想，而隨著希望與夢想的距離或遠或近，我們心裡自然而然會有著不同的喜悅或失落感。

當我們自此時此刻朝另一個目標邁進時，喜悅自然隨之而來。而當那些原本走在浪潮前的人們腳步開始慢慢落後時，他們的感受當然遠不如那些迎頭趕上的人來得歡愉。進步所帶來的超級滿足感可說是我們基因的一部分。根據心理學家海德特的研究，「以某方面看來，適應和神經元特性有關：神經細胞對新的刺激反應激烈，但是當刺激開始成為習慣後，相應而來的感受自然大不如前。改變，攜帶著龐大的資訊而來，但是穩定的狀態卻彷彿空空如也[13]。」

是的，當我們從純然的目的，走向決定次序，再走向策略時，第一個圓形階段恰好與神經帶有關。海德特曾說過，「假如我們用最極端的知覺方式思考適應這件事的話，人類不僅僅在習慣當前處境，他甚至重新設定了自己的世界。」每當我們達成目標後，往往會朝下一個目標邁進。如果我們受挫了，就會重新修磨戰鬥工具、再度回到戰場，或者重新尋找新的目標。

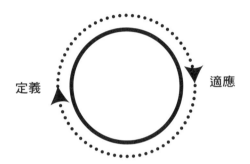

雖然說無止盡地追求目標聽起來讓人感到暈眩，但這確實正是進步背後的動力。人類演化成功的背後動力正是想要更高、更好、更聰明、更快或更大，所有想要「更多」所帶來的建設性成果，成就了我們的一切。

● 逃避悲傷

幸福的相反並非悲傷。這兩種情緒並非分據情緒光譜的兩個端點。我們總是逃離帶來負面情緒的痛苦，並尋求帶來正面情緒的快樂，這兩種動作之間雖然有所關聯，但本身卻為各自

中立的反應而已。如果我們得以在遠離痛苦與享受快樂之間擇一行之，那麼多數人的本能反應絕對是選擇停止讓我們痛苦的事件。那麼由此看來，逃避痛苦絕對是優先選擇。

　　由系統一所控制的求生本能劇烈影響了個人的金錢生活，以及追求財富的過程。尤其有越來越多的調查報告顯示，收入較高的人確實更能夠減少悲傷感的存在，但他們卻無法增加幸福的感受。2014年，研究者們針對財富與悲傷兩者間的關聯，首次進行大規模的調查。究竟高收入對悲傷感有何等影響？又或者，高收入對悲傷感的影響是否會令收入與幸福感之間的關係產生波動？心理學者寇斯坦丁・古斯拉夫（Kostadin Kushlev）與其團隊證實，即便收入提高也難以影響體驗式幸福的程度，他的發現和康納曼、迪頓的研究結果不謀而合。這意味著當收入越高時，確實能夠有效減少憂傷的程度。下頁的圖5-4簡單說明了研究者們的結論[14]。在共計十三項日常活動裡，高收入者確實與較低的憂傷感有所關聯。

　　舉例來說，旅行、工作或運動等高收入者較頻繁從事的活動都能減少悲傷感。然而，高收入者喜愛從事的活動並不能帶來更多的體驗式幸福，這證明了收入多寡對幸福與悲傷感的影響確實有著差異。「貧窮的人較富有的人更容易感到悲傷，因為不管你在進行什麼樣的活動，收入都影響著每日的情緒[15]。」

　　請你試著想像在寒冷的早晨醒來，車子的電池壞掉了，讓你無法上班。或是回家以後發現屋頂漏水，整間屋子泡爛了。

圖5-4 高收入與悲傷感、幸福感之間的關聯

	較少的悲傷感	較多的幸福感
移動與旅行	✓	✗
美食與美酒	✓	✗
看電視	✓	✓
料理食物	✓	✗
工作	✓	✗
放鬆	✓	✗
照顧小孩	✓	✗
家事	✓	✓
購物	✓	✗
社交活動	✓	✗
運動與休閒	✓	✗
宗教活動	✓	✗
講電話	✓	✗

如果手邊有足夠的鈔票，這些問題都很好解決，甚至根本就不會發生。很多時候，日常生活所面對的困難只要付錢就可以解決了。我們可以花錢照顧年邁的雙親、讓小孩快樂地成長、或是好好地面對個人問題。錢讓我們在面對問題時有更多的解決方法。對收入較少的人來說，當困難無法解決時，就會衍生為更龐大的不幸事件，而這讓人感到無力與壓迫感。

最終，擁有較少的收入代表更難以準確的掌控自己的人生 [16]。四個決定人生意義的其中一項重要指標就是自主權（autonomy），一種擁有獨立與自我決定權的感受。這種控制感並不能決定任何事，它也可能充其量是種假象。但是若失去

了控制感，我們將更難以遠離危險狀況或把握住好的機會。

事實上，如果日常的固定勞務，好比工作、照顧小孩、上學、整理家庭環境、購買雜物等例行公事沒有帶來過多的壓力與悲傷感的話，我們自然能夠將有限的精力與腦力用來感受體驗式幸福與反思性幸福。還記得嗎，要將快腦袋轉換成慢腦袋，代表我們得花費更多心力才能反思自己的處境。假使生活根本沒有任何餘裕，要轉換思考方式更會是難上加難。

• 聰明的花錢

回應本章一開始所引用作家史坦所說的話，如果你懂得舒服、方便地買東西，錢真的可以買到快樂。如果將金錢運用在上一章我們所說的能夠帶來滿足感的事物上的話，真的，錢可以帶來快樂。「錢帶給我們幸福的機會，但是很多人在日常中錯用了這樣的機會，購買許多自以為能帶來快樂的東西[17]。」人們花錢的方式太不聰明了。每當你掏錢希望買的東西能帶來快樂的時候，如果購買商品能滿足下面三個要素，將可能讓你擁有讓人生快樂的四大要素。我們確實有可能因此擁有更有意義的人生：

- 體驗
- 他人
- 時間

➤ 體驗

和朋友吃飯、照顧生病的家人、演唱會的門票、購買二手書、愉快的家庭時光、伴讀、在沙漠中漫步、煮飯、玩卡坦島或鐵道任務桌遊、倫敦泰德美術館或芝加哥藝術學院一遊、玩小賽車、在住家附近的慈善食堂當志工、在日本的小巷子裡吃串燒、在香港灣仔吃點心、看我姐妹們的戲劇表演、喝德州酒廠的波本威士忌、和太太來趟公路旅行、和小孩子玩、全家人一起露營。

《財富的幾何學》恐怕是上千本告訴讀者生活經驗可以比物質帶來更多幸福的書裡，其中一本而已吧。但無所謂。因為能用來支持這個說法的證據實在太多了[18]。但是原因究竟是什麼呢？

首先，經驗，也就是「從事某事」會比「擁有某些事物」更能深化人際關係。以上面我描寫的種種活動為例，當我們與其他人一起共同經歷某些事情時，我們強化了社交意義。有一項研究指出，在各式各樣的日常消費中，僅有休閒活動對幸福感有直接的影響[19]。最關鍵的並不是活動內容本身，而是經驗的交換帶給我們正面的情緒感受。當然，個人活動也有其美好之處，但是當我們與其他人共同分享某些經驗後，會帶來特別珍貴的感受。

再來，經驗比較不會因為享樂適應而有所消減[20]。經驗和物質性商品不同，比較難因為習慣而變質，而後者則與其品質

好壞息息相關。一台豪華轎車可以讓你從 A 點移動到 B 點，帶來舒適感、操控性與娛樂感。但是珍貴的旅行可以包括舒適的旅行、豪華的住宿、美味的食物、冒險，以及與朋友和陌生人的社交活動。這些體驗能帶給我們更多的實際心理感受。

也就是說，經驗延緩了享樂適應[21]。我們可一再重溫過去經驗，但是物質性商品則沒有這種可能。我們可隨時回憶各式各樣的經驗，思索其中不同層次的意義。我們可告訴別人探索某個城市的趣事，或者與旅行路上碰到的朋友保持聯繫。這些都是較為正面的重新詮釋經驗。你喜歡新沙發的程度恐怕不會在日後更為深刻，但是你永遠能夠懷念自己的某次旅行。

研究顯示，頻繁而微小的經驗比較能免於享樂遞減效應。請參考看看以下兩種實驗。第一個實驗裡，所有受試者都會得到50美元的獎勵，但其中某些人得到的是兩份25美元的獎項，而其他人則是收到一整筆；另一個實驗裡，每個受試者都會得到三分鐘的按摩體驗。其中一組受試者的按摩為兩次各八十秒，每次按摩中間間隔二十秒，另一組則是一次得到整整三分鐘的按摩。在兩組實驗裡，所有獲得短暫而分次體驗的受試者，都比一次得到完整體驗的人表達了更高的滿意程度[22]。也因此，偶爾的美容活動、週末的小度假或是和伴侶來一個特別的晚餐約會，往往勝過你夢想了好多年的昂貴旅行。你會選擇偶爾買花給伴侶，還是一顆特別的鑽戒呢？科學告訴我們，以長遠眼光看來，這兩種選擇帶來相當不同程度的快樂[23]。

體驗式消費比消費性商品更具有個人性，因為我們可以選擇自己更為在乎的價值，好比連結感、控制、競爭或社會關聯。相對的，體驗式經驗也可能成為自我認同的一部分。很多人將個人經驗作為自我定義的一部分。我們所「做」的事遠比擁有的物件更能代表我們是誰[24]。經驗往往變成自己故事的一部分[25]。

➤ 他人

有天當你在街上漫步，一位親切的陌生人向你打招呼[26]。她很有禮貌地自我介紹，並邀請你參加一項不會花費太多時間，也沒有任何損失的實驗。你說，好啊。接著，她問了幾個簡單的問題，並問你心情好不好，她拿出了一個信封，邀請你按照信封內的指示完成任務。你打開信封，發現裡面有一張5美元的鈔票，和一張紙條：

「請在今天五點以前花掉這筆錢，幫自己買任何的禮物，或用在任何你需要的事情上，好比：房租、帳單或貸款。」

每個信封內的訊息是不一樣的。有人收到的訊息為：

「請在今天五點以前花掉這5美元為某人買份禮物，或是捐贈給慈善團體。」

你答應她照做，並約定當天下午會與研究者通電話。研究者在電話裡問了兩個問題：首先，你現在心情如何？然後，你怎麼使用那筆錢？

實際實驗時，收到第一個信封的人多半拿那筆錢去消費，好比幫自己買杯咖啡或小飾品、繳停車費等。收到第二個信封的人多半拿錢幫小孩子買禮物、捐給無家可歸者或其他人。研究者發現，拿錢贈與他人的人多半比拿錢為自己消費的人，擁有更明顯的好心情，儘管在研究初始，兩組受試者並沒有顯著的心情差異。研究者甚至在金錢額度上作調整，有些人收到的是20美元，而不是5美元。但即便在金額較大時，將錢花費在其他人身上的受試者，仍舊擁有相當明顯的更為愉悅的心情。

平均來講，我們花在自己身上與花在社交相關事務上的金額比例約為十比一[27]。這並不代表我們以絕對放縱或自我的方式過生活。大部分的個人消費支出為不動產、水電費、日常購物等基本消費。但是在可能的情況下，施予他人會讓給予者擁有正面的感受。這種感受來自於社交性消費與體驗式幸福之間的神經性關聯。即便某人是在「受迫」的狀況下給予，這種關聯仍舊存在。在某項研究中，被要求慷慨施予的受試者仍舊表達了正面的感受[28]。不管是在任何國家的任何經濟階級，慷慨施予似乎總是能帶來幸福感。社交相關的消費對反思性幸福有著深刻的影響。不管是創造新的經驗或是社交型支出都會加深我們與他人的連結[29]，讓我們感受到能夠自由控制，並且創造

超越自身的故事。

➤ 時間

我們生活在一個非常「忙碌」的時代。大部分的人都為生活中的重重責任與混亂感到壓力，因而失去了享受家庭生活、摸索個人嗜好的空閒。我們時常無法抉擇——是要花更多時間在自己在乎的事情上，好比家庭時光，還是要花時間賺更多的錢。通常我們不是更努力賺錢，就是犧牲一點工作與薪水，好好享受時間。很少人能夠同時擁有優渥的收入與充裕的時間。

錢不但可以讓我們減省精力，還能購買更簡便快速的服務，以此換來時間，進行更有意義的活動。直飛航班、迪士尼樂園的快速通行證、彈性的長假，都能「創造」出時間。我們必須用好幾個小時、幾天、幾週甚至更長的時光，以換取經驗。你不能在一天之內就完成需要幾週時間遊走的旅行。我們需要時間來經營關係、旅行、擔任志工，或是從事我們有興趣的嗜好或工作。擁有充裕時間的人會創造更多機會。

擁有充裕的時間也能為我們保留更多的心力，獲得反思性幸福[30]。當我們有更多時間休息、思考的時候，自然更能掌握幸福人生的四大要素：連結、控制、競爭力以及社會關聯。相反的，沒有時間會帶來雙倍的艱辛，不僅僅痛苦和悲傷感傾瀉而出，更讓我們沒有空間獲得更大的幸福。很明顯的，所謂的工作狂往往過得並不幸福，因為他們忽略了能為人生帶來更深

層意義的事情。

　　在2016年的一項實驗裡，研究者讓五組受試者選擇要擁有更多的錢還是時間[31]。幾乎在每一組裡，選擇擁有更多金錢的人都明顯多於選擇擁有更多時間的人；而且不論其年齡、收入與職業的差異，選擇更多時間的人確實擁有更高的反思性幸福與生活經驗。願意選擇擁有更多時間的人往往更有自覺性，並且會從事更多讓心情愉悅的活動。當我們拋下耗費心力的事物時，似乎更有空間獲取滿足感[32]。

　　幸福感似乎蜿蜒地梭行在我們的金錢世界裡。有更多的錢就能在日常生活中買到更多幸福，但是能夠買的，永遠都只會是一小部分，能帶來的快樂也不會太久。享樂適應是我們無法擺脫的宿命。同樣地，即使金錢不見得能為生活帶來更深邃的意義，但至少能減輕痛苦或減緩憂傷。這個道理似乎顯而易見，不過值得留意的是，當我們避開不幸時，確實更有精力去追求更富有意義的生活目標。

　　當我們的頭腦太混亂或太分心時，就不可能有辦法進行更有意義的工作或尋找更深層的滿足感，精神狀態決定了一切[33]。擁有錢正是擁有重新改寫意義的能力，並能擁有真正的富足。圖5-5解釋了我們如何透過消費換得滿足感。

圖 5-5　消費滿足感分析

程度	檢視標準	經濟連結
內在生活	控制	能夠取得豐富營養與醫療照護。購買獨立感、時間與彈性。讓你免於困難。對多數狀況而言，這正是你想做的一切。
	競爭力	為獲取成功增進技能。
外在生活	連結	購買社會性經驗、社會網絡、身份與通路。換取時間以建立與鞏固原有的社會關係，並開拓新的社會關係。
	社會關聯	換取時間並且獲得控制、競爭力與連結的協同功效。

如果能善用金錢，確實能夠換得幸福。

結論：收入與總資產的作用力

　　我們其實還未能完全掌握金錢與幸福之間的關聯。現有的研究普遍沒有將收入與個人總資產區分開來。但是收入代表個人每月的薪資，而個人總資產則代表能夠以任何喜好形式花費的總財產。收入與總資產自然能互相影響，其結果有好有壞，好比某人收入一般，但是卻因為過於奢侈浪費、不負責任的借

貸而破產。或者，有人或許收入微薄，但卻擁有可觀的資產，許多退休人士正處於這樣的狀態。目前我們仍舊無法以科學方式精準計算如此複雜的相互作用關係。

再來，當康納曼與迪頓的研究結果公佈時，年收入7萬5,000美元似乎變成只是個沒有前後脈絡的模糊概念（這個數字幾經報導後成為熱門關鍵詞）。就算我們把年代與地點的差異考量放進來，要比較活在1960年與2010年，或是比較住在曼哈頓或塔斯卡盧薩市者的生活，根本是不可能的事。最後，當收入與財富不均日益嚴重，人們開始將自己的幸福與他人做比較時，我們很難知道如此的相對關係如何左右我們對自身幸福感的衡量、甚或實在地改變了我們的幸福感。

總而言之，種種討論顯示我們必須以自適簡化面對各項挑戰。現在，我們離開了受到適應影響的圓形區域，進入三角形地帶，而在此階段真正重要的作為是排列優先順序。當我們追逐財富時，必須透過漫長時間的準備以區別目的與需求，並透過控制讓自己專注在特定目標上。

第三部分

決定次序

決定次序能幫助我們做出更好的決定

第六章

決定優先次序
脫貧致富的三大基礎策略

> 有趣的是，光是努力讓自己不要太笨，而非努力讓自己變得非常聰明，就已經讓我們受用無窮了。
>
> ——查理・蒙格（Charlie Munger）

> 三，就是最神奇數字。
>
> ——靈魂樂團（De La Soul）

存錢資助自己的夢想遠比幻想來得困難許多。不過真正能讓我們邁向富有生活的還是背後的努力，好比在日復一日的不確定之中，做出困難的抉擇。在本書的前半段我們已經做了無數討論，現在讓我們開始檢視如何邁開步伐。

我們應該將決定優先次序視為策略的基礎，下面的三角形標示了決定次序的三大步驟。首先第一個三角形為我們釐清了經濟生活的三項優先要素。我稱之為保護（Protect）、比對（Match）、與達陣（Reach）。此三大要素正是我們所謂的經濟計劃，我們的金錢生活必需依照上述步驟進行。唯有在此階段之後，我們才能開始進行聰明的投資決策，也就是〈第七章〉會詳述的第二個三角形。

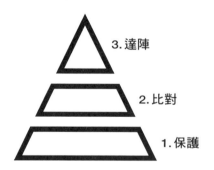

在金錢的世界裡，真正重要的事情往往容易被忽視。我們的金錢活動融合了預算、帳單、股票、基金、存款帳戶、支出、抵押品、契約、遺囑和遺產、保險和繳稅單。這足以讓我們眼花撩亂。就好比在貓咪的面前放一顆閃亮的球一樣，我們時常

只能專注在眼前的問題上。

　　但是如果我們組織好自己的優先順序，就能避免可能的混亂與風險。為了要達到經濟穩健成長，我們必須思考：

　　1. 保護：先思考風險。
　　2. 比對：讓資源平衡。
　　3. 達陣：計劃獲得更多資源。

　　接下來，讓我們依序檢視此三角形的三個階段。

Tips1：保護→先思考風險

• 無限下注

　　1662年法國哲學與數學家布萊茲‧帕斯卡（Blaise Pascal）臨終前，開始思索上帝是否存在。這很正常，我們在人生的許多不同時刻恐怕都曾如此停頓下來思考片刻，但是帕斯卡的方法直到三百五十年後仍舊為人津津樂道，並啟發我們該如何檢視自己的經濟生活。他捨棄了普通神學論的思維，運用最早期的概率論判斷是否該相信有神的存在。而賭注則是永恆的救贖或墮落。

　　在這則著名的帕斯卡的賭注裡，他評估了相信神的存在的成本與好處。對帕斯卡來說，邏輯並不會給我們絕對的答案，

「有神，或沒有神，兩種情況都有可能。但是我們該相信什麼呢？邏輯並不能決定我們的命運。」在猶太基督教脈絡裡，唯有死後我們才能得知神的存在與否，但是等到那一刻來臨再決定恐怕就太遲了。

帕斯卡怎麼決定的呢？他認為我們可以選擇相信或不相信兩種態度。而真實情況恐怕也只有兩種，那就是有神的存在，或是沒有神的存在。至此，我們獲得四種可能情況。帕斯卡用圖6-1的列表方式，決定自己信仰與否。

圖6-1 帕斯卡的賭注

	神存在	神不存在
相信	巨大的收穫	微小的失去
不相信	巨大的失去	微小的收穫

帕斯卡如此判斷，假如他相信有神，但是神並不存在，那麼自己的損失將會非常微小，那頂多是少了一點物質享受（好比添購較少的奢侈品、活得更簡樸、更樂於助人一點），而他在死後世界也不會擁有任何多餘的好處。但是假如自己相信有神而神確實存在，那麼他在死後將會獲得永恆的救贖，這將會是非常有意義的收穫。相反的，無神論者確實可以在無神的世

界享受放縱的生活，但倘若無神論者活在有神的世界，他將面臨萬劫不復的詛咒。

帕斯卡的結論是，任何有邏輯的人都應該相信有神的存在，或至少假裝相信真的有神。畢竟，信神的成本非常低，而若真有收穫，它將會相當龐大。「如果有收穫，那麼你將獲得一切，如果沒有收穫，你的損失也微乎其微。因此，我們根本想都不用想，就該信神，這讓我們擁有無盡的快樂生活，我們可以用有限的損失換到無盡的幸福，你的賭注其實非常地小[1]。」然而，若選擇成為無神論者，代價恐怕相當慘烈。

● 損失規避

雖然聽起來有點荒誕，但是發表在十七世紀的帕斯卡預言似乎向我們指引了一條通往成長與富有的路途。他和我們一樣，無法預料未來的風景。當他猜測世界的兩種可能性時，唯一能做的大概就是丟銅板吧；我的意思並不是他用丟銅板來決定可能發生的情況，而是用丟銅板來推測不同可能所帶來的結果。

就像我們在規劃未來的時候一樣，帕斯卡的方法並非百分之百準確，他認為神存在的可能性為50％，而其後果則僅有「非常巨大」或「非常微小」兩種可能性。帕斯卡用很簡單的計算方法推測出結論：只要願意付出極小的代價，就能避免可能的風暴。另一種可能是，他只要付出極小的成本，就可能換

來非常龐大的收穫。

帕斯卡和我們一樣，都運用當代行為學家所稱呼的「損失規避」（Loss Aversion），來判斷自己的行動。這正是所謂失去的痛苦遠較獲得的喜悅來得巨大。無可避免的天性啊，我們的頭腦往往願意付出更多的力氣逃避痛苦，而非努力獲得成功的果實[2]。

這個情況也和系統一的思考模式有關。我們可以看到演化的邏輯在背後操作的痕跡。在離我們相當遙遠的史前人類時代，願意嘗試風險的人將更有可能存活下來。在蠻荒世界裡的第一守則就是活命。能活下來才是最重要的。

心理學家發現，我們對「失去」的敏感強度高出「獲得」近兩倍之多，其比例近二比一之譜。舉例來說，丟掉100美元的痛苦強度大約為獲得100美元的喜悅強度之兩倍。換句話說，要彌補丟掉100美元的傷心，可能得透過贏得200美元才能消弭。對大部分的人來說，去賭場贏個幾百元，就夠讓人開心的了。但是如果我們輸掉幾百塊，痛苦將非同小可。這就是損失規避的道理。這就是為什麼我們寧可循著已知的道路前進，而不願走那看似巧妙的捷徑；我們寧可吃連鎖餐廳，也不願踏入從未見過的小餐館。我們願意受僱於人，而非自己創業。這樣的例子多不勝數啊。

現代心理學家也時常運用帕斯卡原理。舉例來說，在獲利與賠利相等的情況下，大部分的人都不會願意接受銅板賭博。

他們的原因是，「那有必要嗎？」如果失敗與成功的機率恰巧為50％時，唯有提高獲利，人們才願意參賭。康納曼觀察說：

「在我的課堂上，我說，『讓我來丟銅板，如果銅板是反面，你就輸掉10塊。那麼當銅板是正面時，得讓你贏多少錢，你才會願意加入賭局？』學生說至少得贏20塊，他們才會願意參賭。當我問其他非常有錢的公司主管，假如銅板是反面他們得給我1萬美元，那麼當銅板正面時至少得給他們2萬美元，大部分的人才願意下場玩這個遊戲[3]。」

許多不同的實驗都得到相似的結論：失去所帶給我們的衝擊遠比獲得深刻。舉例來說，當我們讓受試者在贏得1,000元與擁有50％的機會贏得2,500元之間做選擇時，大部分的人都不願意接受這冒險；每個人應該都知道，上述賭注的概率結果相當樂觀（1,250美元也就是2,500美元的50％），但是我們不會如此評估賽局。人類的頭腦不以概率作為思考基準，這點我們將在〈第八章〉詳細討論。

但是當我們把賭注條件交換時，往往得來相反的結果：如果我們讓受試者以輸掉1,000元，或有50％的機會完全不會輸錢，或輸掉2,500元作賭注時，大部分的人都會願意接受賽局，即便輸掉1,200元的損失遠大於輸掉1,000元。我們在第一個情境下避免風險，卻在另一個狀況下甘冒風險而賭。真正的差

別在於，我們更有意願避免損失，而非贏得賭注。

損失規避機制像是內建在我們的腦內，不斷地為我們製造生活的緊張感。即使我們渴望某種龐大的收穫，但是害怕失去的強烈衝擊感讓我們怯懦。我們受到鼓舞卻又退縮，恐懼與慾望在內心交搏。我們熱愛冒險，卻又害怕失去。簡單來說，要在日常生活中獲得財富的第一個步驟，就是在損失規避與勇於冒險之間取得平衡。

• 風險與報酬

我們腦內的風險判準機制為我們定義了三個三角形中的「保護」階段。儘管人生中有許多已知的無常，但是生活會帶給我們什麼樣的體驗，絕對是個未知數。而我們更必須努力地嘗試冒險，以取得未知的果實；我所說的不僅限於如何養育小孩，或是職業生涯等重要命題，也好比在超市選擇排隊櫃檯，或是晚上該看哪部電影之類的小事。

我們總是不斷琢磨到底該冒多少風險才能成功。假如代價太大，將全盤皆輸，假使付出過少，恐怕又會毫無收穫。有一個最關鍵的問題時常被忽視：究竟要冒多少風險才能取得成功？富有的人比比皆是，但我們無法知道他們冒了多大的風險才取得現今的位置。有些人大膽冒進，也有些人謹慎而行，我們永遠無法得知背後的曲折。

問題的起點其實很簡單：到底風險與報酬的關係是什麼？

不管是從金錢或是生命的觀點來看，這都是最基本又最容易被誤會的觀念。大部分的人（甚至投資專家）常常以為冒越大的風險就越有可能贏得更高的報酬。我們從許多諺語中可以窺見，「沒有痛苦，就沒有收穫」、「天下沒有白吃的午餐」。從圖6-2簡單的圖示可以看出，人們往往誤認為風險與報酬之間有著絕對的關連性[4]：

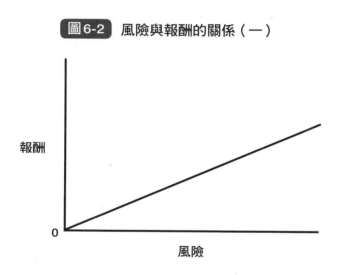

圖6-2 風險與報酬的關係（一）

雖然聽起來有點道理，但是這個論點並非全然正確。想要在人生的賽跑上領先，想要達成人生目標，想要獲得投資回報，重要的確實是成本（人力、經濟、社會或其他成本）。所謂的成本好比是昂貴的學費、投資股票市場，或是邀請最美的女生去畢業舞會等。

但這並不代表事情完全由付出的成本做決定。冒更大的風險並不會帶來更多的收穫。相反的，高風險更有可能為結果帶來複雜的變數。這聽起來似乎讓人一頭霧水。但是，請思考假使高風險與高報酬之間確實有絕對關聯的話，基本上你根本就不需要冒風險。因為以後你只要選擇最危險的選項就好了。

風險與報酬之間確實有正向關聯，但是當面對的風險加劇時，所獲得結果的可能性也相對上升。圖6-3說明了當我們超越風險的一定量度時，所獲得的報酬並不會隨之上升，反而可能導致結果的落點不明。我們有可能會為了風險賠上所有資本，也有可能加倍回收現有賭注。無論如何，都無法預知結果。

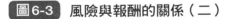

圖 6-3 風險與報酬的關係（二）

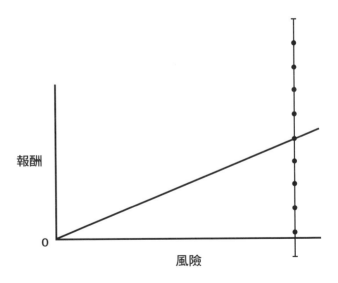

現在讓我們試著想像要開自己的公司。任何創業者都知道開公司很有可能會賭上金錢、時間、精力，甚至名聲。一開始，你可能會先試著向銀行貸款，或是賣出公司股份。每一個通往成功的環節都有可能會出差錯，讓一切前功盡棄。我們可以試著從自己、朋友、家人的生活，或是從電影中回想類似的例子，很多人都失敗了，至少在起步時如此。讓我舉個例子，在電影《翻轉幸福》（*Joy*）中，珍妮佛‧勞倫斯（Jennifer Lawrence）雖然發明了魔術拖把，但是在創業的初期，她徹底

图6-4 風險與報酬的關係（三）

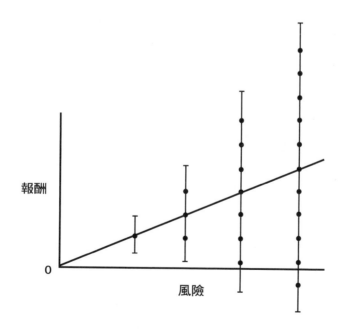

宣告破產，不過成功隨後而至。雖然大部分的美國電影都喜歡好的結局，但是對創業家而言，現實可能相當苦澀。據統計，96％的公司會在創立的十年內倒閉[5]。因此，與其創業，大部分的人寧可選擇為其他公司工作。雖然開自己的公司有可能獲得龐大的潛在利益，但是成本確實也不小。對大腦來說，付出的重量遠遠超過獲得的感受。

我們可以更清楚地釐清風險與報酬之間的關係：每一項風險要素都會增加結果的可變性，創造出新的結果的可能。圖6-4就顯示了結果的多變性，而每一項變化都有好或壞的可能，它精確地說明了風險與報酬間的關係。

● 減少錯誤

通常我們會小心拿捏風險的程度，以免得不償失。為了維持巧妙的平衡，我們會盡可能的避免犯錯，以減少不可預期的失敗發生的機率。基本上來講，不失敗就是成功的第一步。

我們每個人都有犯錯的經驗。沒有人想犯錯，每個人都想成功、進步、做出正確的決定。不管是在金錢或其他層面，我們都希望自己犯的錯比別人少，以凸顯自己的成功。對大部分的人來說，試著保持在正確的軌道上，正是每天的挑戰，好比為學齡前的小孩選對幼稚園、規劃生活預算、選最近的路回家、選對的股票，或是注意下一次颱風來的時間等。

真正的挑戰在於，當我們試著選擇出更正確的決定時，我

們也讓自己面臨失敗。我們冒的風險越多，所面對結果的可能性就越廣泛，好的壞的都有可能。因此，至少在一開始的時候，我們要的不是更好的選擇，而是減少錯誤。這就是以不失敗換取成功。

著名的投資專家霍華・馬克斯清楚地界定了「風險避免」（risk avoidance）與「風險管理」（risk control）[6]。單純的風險避免會讓我們與成功失之交臂，但是風險管理則讓我們有所嘗試，卻不操之過急。

數學家帕斯卡就是在避免風險。他不知道死後的世界會是什麼樣子，但卻做了大膽的揣測，並且賭上一把。但是通常讓我們擔憂的往往並非是那些能夠以數學或金融分析進行準確猜測的事物。我們難以定義何謂「真正的風險」，更無法精確估量其重量。我們只要回想那些每十年或二十年就會出現一次的經濟蕭條期就可以知道，雖然統計學博士們總是言之鑿鑿這些讓經濟世界崩盤的事件極其罕見，但是黑天鵝效應總是在轉眼間發生，其範圍遠遠超過股票市場。

減少錯誤發生的哲學正是「保護」的三角形階段的核心，我們可以透過：保險、投資與債務對其進行控制。

➤ 保險

這是大部分人試圖減少錯誤的直覺性手段。我們不知道房子是否會失火。我們並不認為火災會發生，至少我們和火保持

安全距離、購買煙霧偵測器、甚至自備滅火器。但是沒有人能百分之百確認自己與災害無緣。因此幾乎所有人都會購買火險。基本上來講，與車子、房子與自身相關的保險金多半拿不回來。但是我們不會認為這筆支出是浪費。我們用一點小錢，換來心安。每天晚上，那筆火險帳單讓人睡得更好，畢竟如果災難真的發生了，我們還有能力可以捲土重來。帕斯卡也像是為靈魂買了保險，我相信，他也很開心地信教。

➤ 投資

在著名投資聖經《投資終極戰》（*Winning the loser's game*）中，投資大亨查爾斯・艾利斯（Charley Ellis）表示，真正的投資者應該靠不賠錢來賺錢[7]。他用網球比賽來闡釋自己的觀點。對球技很嫩的網球選手（大部分的人都是）來說，往往得靠不失誤來贏得勝利。我們耐心地等待對方失誤，等待勝利迎向我們。專業的網球選手則以完全不同的心態面對比賽。他們使出全力迎擊，球球精準。網球的世界和投資一樣，專家們找出更對的選擇，而大部分的人只懂得減少失誤。

超級投資者很自然地懂得減少失誤。不管是傳奇投資客巴菲特、蒙格、馬克斯、瓊斯（Paul Tudor Jones）、索羅斯（George Soros）、克拉爾曼（Seth Klarman）從來不會孤注一擲。他們往往等待風向轉向自己時，才會穩健出手，這時進場早已十拿九穩。雖然過程中也會不斷發生錯誤，但是好的投資者往往隨

時保持警覺，將災難損失化簡到最小。讓我們用索羅斯的話來做個完美的結論：「我的投資策略從來都不是做出最好的預測，而是讓自己有機會修正錯誤。」歷練豐富的投資者們重視彈性、適應性，以及能夠容忍失敗的抗壓力，以迎戰明日的賭局。

➤ 債務

如果將減少錯誤視為一種策略的話，我們就更能理解為什麼債務或高額舉債會帶來危險。沒錯，個人金融守則的第一原則就是，絕對不要讓消費超過所得。這是人人都懂的道理。但是很多人卻明知故犯。

如果想要增加收入並維持經濟富有，那麼確實得將風險控管排在第一順位。這部分可能遠不及享受財富來得有趣，因為風險控管牽涉到我們如何管理自己的經濟活動，以及犧牲現有的資源以獲取成功地位。

風險控管的難處在於它的好處並非顯而易見。在保護階段，所有的報酬都是肉眼不可見的，沒有任何事情真的發生。風險控管的好不會得到任何讚美、嘉獎，門前也不會多出一台拉風的跑車任你駕馭。不過，如果過不了風險控管這一關，不懂得避免人生中的意外與錯誤，這樣的人不可能獲得財富，這代表他將命運全然交予隨機性，讓事情隨意浮動轉變，而這樣的安排往往不會帶來圓滿的結局。

減少錯誤的發生。

Tips2：比對→讓收支平衡

• 你做的是投資選擇？還是財富計劃？

　　我們的第一要務是全方位管理風險。第二要務則是進入財富規劃的核心——估算並奮力達到目標。我們每個人都有自己的故事與夢想，大部分人的基本經濟規劃目標都很相似，那就是有舒服而尊嚴的退休生活、不錯的房子、讓小孩獲得良好的教育與生活。除此之外，還有許許多多的東西，好比小酒櫃、高檔名牌潮鞋、旅居海外或是完成鐵人三項比賽。這些都有可能是我們夢想的一部分。

　　達成夢想目標聽起來很直白，但是做起來卻很困難。首先，最讓人吃驚的就是其實很少人能完成自己的夢想。最近的一項報導指出，在七千位富有的投資者中，僅有37%的受訪者表示自己擁有完整的經濟規劃[8]。將近有三分之二的人才正要準備進行財富規劃。雖然大部分的高所得族群都有財務顧問，但是大部分的顧問都沒有彙整出穩健而富彈性的計畫。很多時候，當我們聘請專家為進行「財富規劃」或「財富諮詢」

時，他們能提供的只是相當偏頗的「投資」建議而已，像是該選哪檔股票或基金、債券，這些只是比較「好」的選擇而已。

所謂的好又好在哪裡呢？我必須鄭重強調，如果你只是做做投資選擇，而非規劃更具全面性的財富計畫，這根本就不算達成任何特定目標，你做的只是推測投資標的物的走向，而不是真正的投資。很不幸的是，很多人就像是《愛麗絲夢遊仙境》的主角一樣，迷迷糊糊的思考自己的財富規劃：

愛麗絲：請你告訴我，我要怎麼才能離開這裡？

柴郡貓：那要看你想去哪裡。

愛麗絲：不管要去哪都好。

柴郡貓：那你走哪條路都可以啊。

愛麗絲：⋯⋯好吧，那就帶我到別地方吧。

柴郡貓：噢，那你只要一直走，就會到啊。

沒有目標，人就會迷失。大部分的人都會合理化自己的現狀，但到最後，我們得承認有些遠路根本不必繞過去。

• 取得資產與負債的平衡

財富規劃的核心在於平衡資產與負債，就是比較你手上的資源與赤字。要有一張漂亮的個人資產負債表，首先就是控制你的金錢生活。

讓人開心的是，要描繪出個人的資產狀態其實很簡單，請參考圖6-5的計算範例。

這個練習用很簡單的單行欄位列出你所擁有的東西（資產），再用另一個欄位列出你拖欠（負債）的東西。這樣就可以算出淨資產。這也是一切的根基。

很少人會動手做這個練習，你只要拿出紙和筆計算一下，就贏過很多人了。當你透過每年不斷地檢視紀錄，你可以清楚地知道自己的財務狀況是否樂觀。就算數字看起來不漂亮，但是你必須對自己的經濟狀況全盤掌握。任何的管理，第一步驟就是準確的精算。

圖6-5 試算你的資產狀況

擁有		負債		
房子	$300 K	抵押	$ 150 K	
退休	$ 50 K	學貸	$40 K	
汽車	$ 25 K	車貸	$10 K	
佣金	$ 15 K	信用卡	$ 5 K	
收藏品	$ 5 K			
	$ 395 K		$ 205 K	淨資產 + $ 190 K

• 比對並正確錨定財富目標

經過上面小小的練習以後，我們得開始確定自己的財富目標。我稱之為「比對」。我們要試著把個別經濟目標清楚地標示出來。就算做不到完全準確，但是試試也無妨。

我們試著以簡化作為方針，規劃出以下兩類經濟目標：

➤ 終極目標

在未來的某個時間點，我們可能得拿出一大筆錢。好比房子的頭期款，你會知道頭期款的金額或該付清的時間點嗎？不可能。但你可以大約抓一個時間，好比你幾年後大概可以出到6萬或30萬美元（假使頭期款大約佔總價的五分之一）。我們可以這樣設立終極目標：

➤ 浮動目標

其他不見得需要一整筆金額，但只需要在一定長度的時間內擁有固定收入就可以達到的目標。最重要的浮動目標例子可能就是退休金了。有很多人認為退休金應該列在終極目標之內，但是這種想法其實是錯的。有人會說自己想要賺到100萬美元的儲備金，用來支付退休後的生活。但是我們真正需要的其實是能讓我們維持目前習慣的生活方式的年收入。

浮動目標有點像下圖描繪的，以每一年作為一個圓圈：

　　為了進一步釐清兩者間的差別，讓我們來對比一下應該算是最沈重的兩筆經濟負擔──孩子的大學學費與自己的退休金。如果我們為大學學費進行詳細的規劃，再來計算一下小孩子的年紀，這樣應該就知道他們什麼時候會搬離家裡（希望啦）。我知道，舉例來說，我女兒應該會在2025年時開始上大學。或許她會想休息一年出國旅遊，也可能她根本不想上大學，但務實一點來想，我最好還是準備好在大約那個時間點支出一大筆費用。

　　整體來說，大學學費不是一筆固定的費用，但是就算我們不用一次掏出學費，很可能會是分四年、八年或數年的時間付清，但這並不重要。重點不在於時間長短而是整體金額。我們不知道兒女會想讀什麼學校、會申請上哪間大學、會不會有補助，或是除了學費以外還有什麼額外支出；這些額外支出很有可能相當驚人，或許數千、數萬元都有可能。

　　實際來看，這根本就是一體的兩面，我們能存款、借款的額度和經濟能力，決定了孩子能上的大學。

今天　　　　　　　　　　　　→　$ → $ → $ → $

我剛說過，退休金比較像是浮動目標而不是終極目標。雖然我們都有這種儲備金的概念，但這種說法只會模糊焦點[9]。和大學學費不同的是，我們不確定自己什麼時候會正式退休，當然，大部分的人都認為六十五歲是退休的年紀（或是六十二歲也可以），但是當今社會的「新退休狀態」和以往大不相同，影響也更為廣泛，光是思考人類壽命的不斷延長，就知道我們的需求和慾望也會同步延伸。

　　所以，我們該理解未來總有一天我們的生活腳步必須慢下來，而且當面臨某個時間點時，頭腦與身體也自然地會慢慢衰退，頭腦和身體不會永遠保持健康的運作。我們無法確知什麼時候開始會需要一筆收入，以維持有尊嚴的退休生活。因此，我們面臨兩件相當重要的事——計算退休所需的收入，並且將資產轉為可穩定回收的收入，這正是金錢生活裡最困難也最令人感到壓力的環節[10]。

今天 ⟶ ①→②→③---→⑲--→⑳--→㉑--→

　　終極目標和浮動目標不一樣。不過如果沒有計算仔細的話，都會讓兩種目標破滅。退休相關機構會比我們更容易精算未來的負債，因此依賴相關機構會比單打獨鬥簡單許多；相關機構可以計算未來某個時間點的所有負債額度、負債期限以及負債對象總數。他們可以透過聰明的規劃，防範破產的發生。

對大部分的普通人來說，負債就比較難以估計。不過即便我們無法像退休金相關機構一樣精算成本，不代表做不到。透過「比對」步驟，我們可以更游刃有餘地規劃退休生活。

以比對步驟而言，最重要的原則是當你離目標越接近時，就越不該接受風險。舉例來說，你應該用大學學費的存款帳戶買股票嗎？當孩子還小時，這或許是不錯的方法，畢竟孩子還要十年或十五年才會長大，我們可以承受股票市場裡的大風大浪。

但是如果孩子已經十七歲，那可能就不應該再這麼做了。股票市場有可能在瞬間跌落20％，甚至更多。如果你在要付學費之時，遭遇股災，並且必須在最慘烈的時間選擇出場，那當然會造成龐大的損失。這和處理退休金的意思一模一樣。沒有誰會想要延後退休，甚至在退休生涯中途重返職場，但是當我們手上握有高風險資產，又必須快速處理短期資金缺口時，就會面臨如此尷尬的場面。

我希望上面的比對步驟對讀者們而言是能夠理解的，但是請記得，其實很少有人真正如此實現自己的計劃。而且有很多投資者與金融專家都一再鼓勵我們跳進股票市場，但是那是相當毀滅的遊戲。它與我們真正的需求無關，這種投資行為滿足的只是自我而已。

• 目標所帶來的問題

按照目標擬定計畫聽起來似乎很直白簡單。但是大部分的人其實都沒有擬定好清楚的目標，更遑論按照計劃達成使命。因此我希望透過個人資產評量表與比對練習，讓讀者們對此有所認識。即使我們用最大的努力執行計畫，但是實際情況仍舊隨時都在變動。人生很難非黑即白。人生充滿了不確定性。在大部分的情況下，我們根本不知道未來的自己需要什麼。事實上，目前的研究結果顯示，我們甚至不知道未來的自己，究竟會成為什麼樣的人。大力水手說：「我就是我，我就是這樣。」但是我們不是電視裡的卡通人物。我們對未來自己的認同恐怕也會不斷地流動。

在一項著名的研究調查裡，資深研究者們評量了一萬九千位年齡分佈在十八歲至六十八歲間的實驗者的個性、價值觀與喜好。結果顯示，我們和預期的自己有著相當大的差距。我們用不同的方式往後回顧和往前展望自己的人生。研究團隊發現，人們很習慣接受自己在過去幾年間的改變，也很接受自己目前現在的樣子——我就是我，我就是這樣；但是另一方面，多數人又以為未來的自己將與現在的自己沒有什麼不同。「人們往往認為未來的自己將會是今日的延伸，即便過去的自己早與現在的自己有著相當大的不同。」這背後的原因其實是時間。時間會改變人們的喜好、重新形塑他們的價值觀、甚至改變個性[11]。我們會慢慢認識到，當我們追求財富時，時間正是其中

的關鍵因素。

上述的研究幫助我們更有效的建立目標計畫。我們常常會忽視一件事，雖然我們對未來擬定了確切的經濟目標，但是大腦常常沒有能力執行計劃。就像金融計劃大師邁克爾‧基奇斯（Michael Kitces）寫的，「當我們按照目標執行投資計畫時……，最困難的就是，我們其實常常不知道自己的目標到底是什麼。」

這句話好像有點太直接，但確實讓我深思。這句話的意思是，當我們執行比對步驟時，必須把目標設定的相當實際，卻同時相當開放。我們要的不該只是「更多」而已。但是，太過實際的長遠目標也有可能會帶來麻煩。我們要怎麼確定自己在十年或二十年後還會喜歡一棟佛羅里達州的度假小屋、一艘船或是都市高樓大廈裡的一片天地？我剛剛說過，我們其實很難預測未來的自己會想要什麼。我們總以為自己現在渴望的事物，未來也會同等重要，我們的價值觀不會改變，好像生活中一切難以預料的事情都不會改變我們的想法一樣。

 適當的定位自己的目標，隨時依據狀況進行調整。

Tips3：達陣→計劃獲得更多資源

• 恭喜你！

　　你已經保護自己免於所有經濟災難。你很安全、做的決策也都很不錯。你雖然有野心，但是願意謹慎為上，以免得不償失。你盡全力平衡資產與負債。你循序漸進地安排投資項目。你用盡心力達成人生的最後目標，即便你知道事情永遠不會按照計畫來走，而在人生中，適應力終究佔有相當重要的地位。

　　接下來呢？請記住，沒有了。你已經在金錢的遊戲中得勝。所謂的財富，就是有良好經濟狀況作基礎的滿足狀態。在此時此刻，你應該感到驕傲與感激，你的成就相當不容易。享受吧。這一切得來不易。

　　或許我們沒有一致的財富標準來評斷何謂富有。但重點在於擁有感，你已經獲得夢想人生所需要的資產額度了嗎？如果是的話，那就是富有。請不要輕估這份成就感。

　　現在，我們有能力想要「更多」了，雖然我在前面一再否定這個概念，但是當我們在對的時間點、對的狀況下想要的更多，這對人生將有所助益。我們總是野心勃勃，不僅活在當下，又渴望未來可以更美好。

　　以現實狀況來看，每個人面對富有階段的態度截然不同。〈第四章〉我們討論過連結、控制、競爭力以及社會關聯等帶來幸福感的四大要素，可以透過各式各樣的形式出現。沒有人

能決定存款要達到多少額度才能獲得足夠的幸福感,所謂的數字往往是實際經濟目標的縮寫罷了。數字可以幫助你釐清目標,保持專注;好比為下一代留點資產(為孫子付大學學費、為幾個家族成員成立基金)、成立慈善事業以維護或提升自我形象。除了這些目標以外,你也可以純粹的享受人生,好比擁有自己的嗜好、旅行等等。不管如何,這些都是非常個人、非常獨特的選擇。

• 表達感謝

當你達成目標時,應該要感覺滿滿的驕傲與喜悅。很多人都幻想可以成功,但是僅有少數人完成自己的夢想。不幸的是,很多人以「資產額度」定義自己的夢想,而這完全不符合現實狀況。有種很不健康的想法是,「假如我可以賺多少錢,就會非常快樂。」但是有錢和富有是兩件完全不同的事。只有能確切創造屬於自己的幸福感,並且擁有一張漂亮的資產負債表的人,可以稱為富有。

要持續成長並保持富有的其中一個關鍵態度就是感激。正向心理學界的調查研究皆顯示,不管是實際的口頭感謝或是內心滿懷感激之意,都能帶來深層的幸福感。和前面的章節結論一樣,能夠表達感激之情正是善用金錢的其中一個環節。

心理學者羅伯特・埃蒙斯(Robert Emmons)認為可以透過兩個階段的感謝,讓人生更有厚度。首先是感謝自己生命中

所擁有的事物。這點說來簡單，但卻並不容易。因為人都難免會比較。總有人比我們擁有的更多，總有人更優秀。社交媒體讓我們有史以來第一次可以有機會每天觀察他人的「快樂」，很棒的度假、開心的夜晚派對、小孩贏球的時刻等等。舉例來說，臉書或IG很可能會帶給我們龐大的壓力，甚至影響我們達到真正的富有。儘管說來容易，但是我們最好專注於自己的腳步，而非以他人的眼光檢視自己的成就。

再來，你得認清除了自己的努力以外，有很多的成就來自他人的幫忙或單純的幸運[12]。埃蒙斯認為，表達感激似乎會帶來某種羞辱感，這讓人覺得，如果沒有別人的幫助，就不可能成功。但是，與其將感激視為弱點展示，不如看作是自己與他人的正向連結[13]。這也代表我們不能只是在心裡說謝謝，還得將感激之意化為外向性的表達。

不管是說謝謝，或是表達慈愛之心，都應該是一件最正面的個人選擇，並會帶來深層的滿足。很少有那麼簡單又不用花費任何精力的事能帶給我們如此深遠的影響。懂得感激可以改變我們觀看世界的眼光。

 享受成果並表達感謝吧！

第七章

做出明確決定

打造投資組合的三把金鑰

　　最重要的投資原則和會計學、經濟學無關，真正重要的
是心理學。

—— 霍華・馬克斯

　　你總是要回頭的。

—— 查理・蒙格

在前面的章節裡，我用非常廣泛的方式以賺錢、消費、存款與投資等概念描繪金錢的生活。當我們擁有賺錢的能力時，就能以此為自己與家人建立某種生活。我們每天不僅僅在賺取當下所需要的花費，也為了更好、更多的明天，拼命與努力。這一切都很有意義，控制與競爭自然是有意義的人生中不可或缺的要素。

如果口袋有點錢，我們會拿來花在日常所需上。讓消費超過存款是件很糟糕的事，但有些人就是不在乎。比較負責任的人則會為將來的目標與無法預期的意外做點儲蓄。

不過就算聰明消費或是小心地維持戶頭存款，當我們希望得到充實幸福感時，恐怕遠遠不夠用。好比大學學費（競爭性）、不錯的房子（控制感），或是照顧年邁的雙親（聯繫感）等和生命深刻相連的事。

這些消費都不算是小數目，因此需要仰賴投資。我們把存款拿出來進行有風險的投資，因為它帶來的回報可能勝過「安全」的銀行定存。投資代表透過一連串的不確定決策，對未來進行預測。投資也可能瞬間帶來相當的複雜性，好比情緒壓力，這可能會削弱我們自適簡化的能力。

在本章中，我試著列出普通大眾（非金融從業專家）進行投資的主要優先項目，那就是上市股票與債券市場。

想要獲得成功的長期投資結果，主要因素有三：

1. 你自身的態度。
2. 你整體的投資組合。
3. 你選擇用來強化該投資組合的個別投資項目。

接下來，我們來看看第二個三角形所呈現的神奇三步驟。

3. 個別投資項目

2. 投資組合

1. 自身行為

透過這個三角形的排列次序，我們可以了解到真正重要的投資要件，其實並沒有那麼顯而易見。在金錢的世界裡，我們往往需要專注於眼前的事物。以心理學的說法來看，那正是「可得性」（availability）的偏差效果。當我們瀏覽相關的新聞媒體好比《華爾街日報》、財經新聞台CNBC、《霸榮週刊》（Barron's）或《今日美國》（USA Today）的財經版時，腦袋會立刻被眼前可見的波動給輕易佔據，那包含了上千萬檔股票、債券或基金等個別投資項目。我們很難忽視上述投資標的的波動表現，因為它們都有可能是致富的機會。

然而，這似乎再次說明了真正重要的事物其實最容易被忽

略。任何的單一投資項目都僅只是冰山的一角，而非投資的全貌。真正重要的是我們如何建立全面的投資組合。相反的，我們的決定也可能讓投資組合徹底失敗。

現在讓我們來一一檢視投資的三要素。

Tips1：自身行為→控制自己比打敗他人更重要

• 在正確的遊戲中勝出

對投資者而言，最重要的工作其實不是分析市場。最重要的是分析自己。就像市場觀察家傑森・茨威格（Jason Zweig）寫的，「成功並不是在於打敗他人，而是在戰場上學習控制自我。」真正要達成長期投資目標的關鍵其實是心理學，而不是金融學[1]。

投資市場早該接受這個準則。金融世界確實相當複雜而具有高超技術性。這點確實很重要，畢竟金融業是高產值行業，而高門檻形成的護城河可以維護過多競爭者湧入市場。如果市場顯得太過簡單，也會因此失去顧客群。

但是產業也逐漸在改變。我們應該都知道，大腦本能時常促使我們做出一連串錯誤的知覺與情緒反應。而導正本能的錯誤正是成功投資者的第一課。我們不能再以「情緒」當作投資誤判的藉口。相反的，目前有許多研究報導與著作已經深入分析個人如何透過更宏觀的眼光，定義人生目標。舉例來說，康

納曼2011年的暢銷著作《快思慢想》讓行為金融學進入主流世界的眼光。麥可‧路易斯（Michael Lewis）的著作《橡皮擦計畫》（*The Undoing Project*）則用更為人性的觀點描述科學界的突破。2017年諾貝爾經濟學家理察‧塞勒（Richard Thaler）的行為金融學研究也為上述論點注入了一劑強心針。

可能有些人會認為某些相當具個人性的偏差行為來自其「非理性」本質。這點我不同意。我們並非缺乏理性，更不是笨蛋。基本上我們都是人。就是個普通人。

只要稍微瀏覽一下行為金融學的書籍，我們大概就可知道其中的有趣之處。系統一的思考或是「快」腦袋，正是背後原因。雖然快腦袋可以保護我們的安全，並確保一切運作正常，但是諷刺的是，它也會製造系統性的感知錯誤、判斷錯誤與決策錯誤。我在本書裡已經談論了許多類型的行為學議題。在此我想做個總結，並且將再提出幾個新的論點。本書裡將會繼續談論多種行為敘事模式，本書最末將探討現在的自我與未來自我的關係。

圖7-1所列出的偏誤讓我們誤判、或是無法做出決定，這會帶來龐大的投資損失。不過在此我們的目標並非徹底釐清所有經濟行為模式，畢竟這樣並不會帶來實際的利益。當幾乎奠基行為模式學的康納曼被問及該如何克服行為偏誤時，他說，「很難。我花了四十年的時間研究行為偏差模式，但我自己仍舊時常犯相同的錯誤。知錯，不見得能改[2]。」

圖7-1 常見並具影響力的偏誤

損失規避	自信偏誤
損失帶來的影響超過獲得的感受，這影響了我們是否願意接受冒險。	我們以為自己知道的很多，但事實卻相反，這導致我們做出貿然而不智的決定。
確認偏誤	現成偏差
選擇性地搜集支持自身觀點的資訊，並因此降低學習機會。	我們傾向使用現有的資訊做為決策依據，並且迴避吸收與直覺有所落差的資訊。
時間偏誤	稟賦效應
在決策階段，偏重時間較相近的因素。	當我們擁有某項物品時，對該物品或資產的價值評估大於客觀價值，以至於無法脫手應該賣出的東西。

　　總之，你不會因為徹底改變自己而成功。重點在於要找到方法修正無法迴避的錯誤與失手。而第一步驟就是必須先理解自己在投資與金錢問題上的特殊行為模式。

　　我們時常在時間緊迫的狀況下判斷。投資問題和其他生活中的大小事不太一樣，我們只能花非常短暫的時間下決定，卻要花數倍以上的時間承受或是享受這項決定所帶來的後果。這和我們的大腦邏輯運作方式截然不同，我們實在不擅長決定會為將來帶來重大影響的開放性問題。

　　你可以想像一下自己要吃最愛的起士漢堡。你應該還在餐

廳排隊時就感到非常愉悅了。當你開始感到胃口大開時，腦內會分泌多巴胺，並產生期待感。因為你吃過那個漢堡，所以非常了解它的味道、口感、賣相、手感，甚至吃起來的聲音。在你點好餐和實際吃到之間會有一小段的歡愉延遲。等你大口咬下漢堡時……沒錯！你的五感都會感到滿足。咬下的瞬間正是歡愉奔湧的一刻。歡愉總是發生在瞬間。

投資也是消費的一種。但是投資和吃天下第一美味起士漢堡的經驗不太一樣。證券交易不會帶給人歡愉的期待感。除非你偶然聽到內線消息而下單，那麼可能會心跳加快。任何的投資預期都不可能會百分之百正確。事實上，要對當下手上的投資有完整而明確的預期根本難如登天，這說明了為什麼很多人的投資經驗都相當負面。當你「購買」或者正式擁有一張股票或債券或基金時，根本不會有任何五感體驗。因為「什麼事都沒發生」。事實上，當我們買進投資標的時，我們的歡愉感離購買的當下非常久，因此消費與所得經驗根本是分裂的。

而在那段漫長的時間裡，我們有無數個可能搞砸的機會。

• 投資者的行為落差

在本書〈第一章〉中，有強而有力的數據證明當我們投資時，情緒智商往往比金融智商更能左右我們的決定；事實上，我們不斷地買高賣低，這種完全悖反常識，並且完全不符合任何金融理論的舉止，是相當普遍的投資者行為。

有大量的數據足以顯示我們的投資表現非常差勁。自1995至2015年間，美國股票市場增長了五倍。在此同時，購買後並持有的投資標的上漲483％左右。但是美股共同基金僅上漲了約251％。上述的表現差異可視為行為落差的結果。

為什麼投資者們將近半的投資報酬丟進水裡？簡單來講，就是進化論作祟的緣故。我們的求生本能讓我們逃離已知危險，並盡可能地抓住有利機會。這點影響了生活中的每個部分，而投資活動自然也無法擺脫本能反應。當市場往上飆升時，投資者們開始抱有正面期待。多頭市場讓人有好心情。因為市場在相當長的時間裡上揚，我們會不斷地面臨前所未有的高點。對時時刻刻關注股票波動的人而言，新的高點釋放腦內多巴胺（創新高讓人精神提振），並讓人想要繼續投資。

但是當市場持續往下走時，腦內化學作用產生了變化，並讓人對投資遲疑。誰會想要在價格往下走時投資呢？沒有人想那麼做。事實上，當我們感覺到賠錢的風險時，每個人都想著出場。這就是求生機制。

研究結果也證實了這個交雜著慾望與恐懼的週期活動[3]。請見圖7-2的兩個數字。左方數字代表美國大型企業在過去二十年內的年度報酬率，而每年的投資報酬率平均值為8.2％。

右邊的數字比較複雜，因為該數值牽涉到投資者確實的買進與賣出的決定。我們有時決定在市場投錢，有時又決定出場。每一筆出入交易活動的數值都被精準地以市值進行記錄。

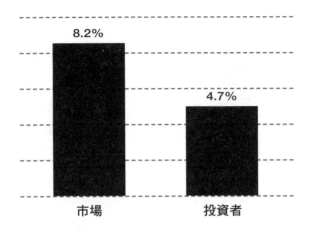

圖7-2　投資者買高賣低的行為落差

（年度報酬率，1996－2015）

8.2%

4.7%

市場　　　　　　　投資者

在二十年的週期裡，投資者平均複利僅4.7％[4]。

　　百分比和金融數據看起來讓人冷感，也過於抽象。對大部分的人而言，上述數據沒有任何意義。因此，我們很難理解8.2％與4.7％的差異，並彌補此行為落差。因此或許我們可以用真實世界的邏輯來理解買高賣低背後的影響，請見圖7-3。

　　這兩個數字間的差距相當巨大。假設你的投資組合為10萬美元，那麼在「不在意」（set it and forget it）策略，與「讓別人自行其道」（let people be people）策略間的差異為23萬3,093元。（你也可以自行代入投資組合數值，但是所得結果都將是近兩倍的差距）。如果你從四十五歲開始就有意識地用這個觀念思考投資行為直到六十五歲，那麼修正後的消費行為將為你

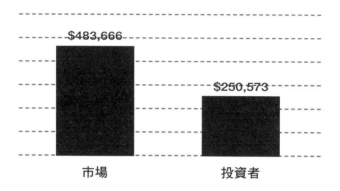

圖7-3　做出糟糕決策的成本

（美元報酬率，1996－2015）

$483,666

$250,573

市場　　　　　　投資者

帶來更長久的舒適退休生活。

•「不選擇」的勇氣

當我們開始思考如何進行好的決策時，第一件事是要先釐清是否真的有選擇的機會，或是我們是否真的想下決定。在我們一生中，擁有無數個可以下決定的時機。我們可以選擇出門吃飯而不是在家下廚；然後我們選了間餐廳；看看菜單上是否有任何誘人的選擇。在另一種情況下，我們也有可能答應去朋友家吃晚餐、參加派對，不管對方煮什麼都欣然接受，這時就不必選擇。

我們每天都會面臨這種「要選擇」或「不選擇」的瞬間，人生中的大小事，舉凡消費、健康、工作、交通、教育或錢，

無一例外。通常這些決定的複雜度與結果都很微小。就算朋友的廚藝很嚇人，但是偶爾吃一餐全熟牛排也不會怎麼樣。

但並不是在所有情況下都是如此。舉例來說，我們有些人會參加公司的退休計畫，每月薪資的一小部分會自動存入該帳戶。這等於讓投資決策進入自動飛行模式。選擇這種退休基金計劃的人通常不會退出。相反的，其他方式的投資讓你有更多決策自由，你可以在任何時機點進行買賣操作。

我們可以檢視一個特殊例子，進一步釐清這兩種方式的差異。在此案例中，在完全相同的時間下擁有完全相同基金的投資者，獲得截然不同的結果：

- 投資　→　經過十年後　→　好結果
- 投資　→　經過十年後　→　壞結果

這是什麼原因呢？兩者的差異在於有人擁有投資的全權處理權，而有些人則採「自動飛行」模式。

若用同一筆投資款項比較自主計畫與他方決定計畫時，通常會得到非常顯著的投資差異。讓我們用全球最大的共同基金——先鋒集團指數型基金（Vanguard 500 Index Fund）為例。如果以6,200億美元作為投資資金，進行上述兩種方式的投資[5]。雖然兩種投資組合本金相同，但其中一筆以全權委託模式進行退休計畫，另一種則以自由方式操作。兩基金間真正的

實際差異在於非物質性成本（僅佔可能1美元都不到）。

正如我們的預期，兩筆基金的投資表現完全一樣。我們以十年為單位觀看兩基金的變化，自動飛行模式下的基金（VINIX）年回收率為6.9％，而自主操作基金（VFINX）的回收率為6.8％。兩組基金間的微小差異表現在幾乎一致的費用上[6]，請見圖7-4。

再更仔細地看一下數字，我們會看出其中的有趣之處。自主操作基金（discretionary fund）所帶來的行為落差更為巨大。相較於6.8％的實際回收率，自主基金下的平均投資者回收率為4.3％。由於該數據涵蓋範圍納入了2008年，當時的金融風暴氛圍蘊釀出消費者的集體行為落差，造成大批賣出，當時即便在市場穩定後，仍面臨缺乏投資者進場的窘境。

圖7-4 經濟約束的好處

自主操作投資 （Discretionary Investors, VFINX）			自動飛行投資 （Autopilot Investors, VINIX）		
實際 回收率	投資者 回收率	行為落差	實際 回收率	投資者 回收率	行為落差
6.8%	4.3%	-2.5%	6.9%	7.7%	+0.8%

自動飛行模式基金下的投資者表現更為優異。當基金每年實際回收率為6.9％，投資者平均每年回收率為7.7％。行為落差為負的！為什麼呢？因為在此投資模式下，市場的表現好壞

已經隨時反映在實際價格上。因此2008年的風暴並不會促使投資者們傾銷出場。當市場價格走低時，此模式的投資者會買進更多持份，並在價格走高時，減緩買進的動作；一種刺激買低賣高的動作。因此，在自動飛行投資模式下的投資者將會表現得更為優異。

整體而言，自動飛行模式的投資者比自主操作的投資者擁有更好的操作經驗。他們的好壞決策會更明顯的反映在實際市值上。在此，以總投資組合10萬美金而言，進行十年為期的投資，自主操作的投資者平均獲得16萬630元；而自動飛行模式的投資者則獲得26萬87元，整體差距為62％。這些不是看得見吃不到的金融數字，而是會真實改變生活狀況的收入。

在上述情況下，並沒有哪一組的投資者更為「聰明」。他們不太可能有金融碩士學位。相反的，另一組的投資者擁有更多自主權，但這也是因此壞事的原因；而沒有自主權的投資者反而能夠全身而退，並表現得更為優異。

在投資領域裡，當投資者情緒波動時，就會帶來麻煩。當市場不穩定時，所有人都蠢蠢欲動。而當我們真的離開市場時，才會發現要再進場的代價過於龐大。這很正常，一切都是大腦的本能在作祟。

不過在某方面來講，衝動控制不是不可能的。只要擁有足夠的指導、諮詢，或是和其他投資者進行討論，都可能因此修正本能衝動。我們還是有可能得到較好的結果，但是研究結果

實在不容過度樂觀。事實上，最好的解決方法仍是取消選擇權（不選擇）。當擁有一份自動飛行模式的存款計劃時，通常代表更好的保障。

美國歷史上最成功的儲蓄計劃就以類似模式運作。「明天存更多」（Save More Tomorrow）計劃的行為學家透過一項微小但非常重要的設計，幫助個人投資者省下數億美元[7]。他們在企業退休計畫中增加了「否定同意」（negative consent）這項設定：他們不詢問員工是否要「加入」該定期儲蓄計劃，而是自動將員工納入儲蓄計劃，然後詢問對方是否選擇「退出」。儘管員工擁有一模一樣的選擇和限制，但是否定同意的設計顯然帶來更好的結果。

但是大部分的時候我們都無權享受此般設計過的制度或自我控制機制。在上述實例裡，重要的是與好的顧問合作，並從前輩的身上學習。我們通常都能從尊敬的人士身上得到啟發，也會模仿專業人士的行為。如果和好的理財顧問合作，投資結果通常較讓人滿意，這不是因為顧問們有多麼精明的市場操作技術，而是因為他們能相當有技巧的判斷壞的投資行為，像是阻止客戶在市場價格震盪時賣出。

同樣的，如果我們身邊都是花錢如流水的朋友，那麼也可能更容易陷入「炫耀性消費」（conspicuous consumption）的迴圈之中：鄰居剛買了新的奧迪跑車，我是不是也該換一輛好車了？如果身邊多點以穩健方式理財的朋友，通常我們的理財習

慣也會更健康。最著名的理財專書《原來有錢人都這麼做》（*The Millionaire Next Door*），就說明了勤儉的富豪們的故事，幾乎所有人都對消費相當謹慎小心[8]。

但更嚴重的是，我們很容易把這些決定變成固定習慣，當決策不自覺變成習慣以後，我們就更不會去深思其中的因果。我們只是一再地重複類似的決定（好比存款帳戶），或是根本不做決定（過一天算一天）。以自適簡化的哲學觀點看來，養成更好的習慣是成功的方法之一，這可能代表我們能夠得到更好的自我控制、減少決策次數或是過濾掉過度的（無用）消費資訊。

當我們的腦袋產生雜念與外界環境互相干擾時，內心不免開始動搖掙扎。但唯有自己能掌握最終的成功，這是不變的道理。穩定、持續、不受任何事情影響的儲蓄行為，絕對會讓我們受益良多，特別是當我們根本不用去費心思索這些事的時候。

你的個人行為才是掌握投資成敗的關鍵要素。

Tips2：投資組合→資產配置的不敗心法

　　不管是誰想要在當今的金融世界裡建立成功的投資決策，不外乎依循以下三種路徑：選擇對的市場、在對的市場裡選擇對的標的，以及在對的時間點進出對的市場。如果用比較深奧的詞彙來解釋的話，那就是資產配置、選股策略，與進出市場時機。

　　讓我先徹底否決第三點，要掌握絕對的進出場時機根本就是不可能的。能正確的猜測市場上升或衰退的時間點，根本就不算是一種好的市場操作技術。當然有些特殊交易員或投機者能夠抓住不錯的決策時間點，但是那和專業顧問或個人投資客玩的根本是不同的遊戲。對大部分的人來說，想要預測市場波動的時間點，根本就是浪費時間。

　　因此我們只剩下兩種明智的投資策略：謹慎地配置資產與精準選股。由於離散度（dispersion）的關係，資產配置顯得格外重要；此策略讓我們在每次下決定前知道有多少的自由操作空間，也讓我們知道每個現有選項的差異結果。當我們有許多不同選項時，自然有很多機會可以做出「正確」選擇；選項太少時，情況自然大不相同。

　　我們可以用超市或機場美食街來做個不是很完美但還算恰當的比喻。我每次旅行都會從奧黑爾國際機場登機，在第三航站的美食街裡只有這幾個填飽肚子的選擇：麥當勞、畢曲墨

西哥捲餅、唐先生甜甜圈、雷基歐比薩、歐布萊恩餐廳、滿洲炒飯、畢水果冰沙、伊甸草原燒烤店與托塔斯墨西哥快餐。這幾間店代表了九種不同的餐點選擇：漢堡、中國菜、墨西哥菜、比薩、冷三明治、沙拉等。

我們如何挑選出令人滿意的一餐呢？首先，我得在九個餐廳中決定。雖然我有很多各式各樣的選擇，但是挑選方式不外乎是個人偏好，好比我喜歡墨西哥料理勝過漢堡等等。因此我會先選托塔斯墨西哥快餐，刪掉麥當勞。雖然這兩個店家都有無數餐點可選，但通常我還是會點比較代表性的那幾樣來吃。因此不管我是在麥當勞點大麥克堡或四盎司牛肉堡，或是在墨西哥快餐點燻豬肉三明治，真正要吃點不錯的食物祕訣在於選對餐廳，菜單反而是其次。真正的差別在於選擇麥當勞還是墨西哥快餐，因為當你選好餐廳以後，每間餐廳菜單上的餐點彼此差異並沒有那麼巨大。選對餐廳其實比選對餐點重要。

挑選投資標的也是差不多的邏輯。真正最重要的選擇在於「資產類別」，每種投資標的都擁有完全不同的操作模式。對大部分人而言主要的資產類別有股票、固定收入、房地產、原物料、貨幣與現金。以實務來看，最重要的三項優先選擇會是股票、債券與現金。當然在每項類別中還有無數細緻的選擇。以股票來說，我們可以選擇海內或海外企業、大公司或小公司，可以選擇科技、醫護、工業等產業的股票。如果以固定收入來舉例的話，全球市場甚至比股市來得更為複雜，好比政府債

券、投資公司、投資級債券公司基金、高收益債券、資產抵押債券、房地產抵押商品等等。接下來我們要開始仔細釐清每個選項間的字面意涵與實質差異，請你做好心理準備。讓我們先用簡化的方式來看看全局。

投資組合的內容多半還是由人生的狀態來決定。如果我們的目標達成時間非常長遠，將近數個十年的話，通常股票會是優先選項。如果是短期、數年內的目標的話，我們會傾向操作現有收入，得到額外收益。其他的狀況也是，如果我們追求的是短期目標的話，最好還是選擇比較保守的投資方案。

研究結果一致顯示，選擇正確的投資類別來建立自己的投資組合，遠比任何單一投資標的的選擇來得重要。資產管理大師蓋瑞・布列森（Gary Brinson）在1986年研究分析為什麼有些機構投資者表現得遠比其他同業傑出[9]。根據布列森團隊的研究，在投資表現的三大成功要素：資產配置、選股策略與進出市場時機中，資產配置才是最重要的黃金之鑰。資產配置的差異可以解釋近94％的投資結果落差。而選股策略與進出市場時機，並不能帶來真正有意義的影響。雖然這個觀點仍舊備受爭議，但基本上來講是與事實相符的。

2000年羅傑・伊布斯頓與保羅・柯普蘭的後續研究更證實「將近90％」的投資表現差異，來自於資產配置（若以比較深奧的用字的話，那就是與基金政策基準的可變性有關[10]）。如果你決定將美國大型企業股票作為投資組合中的主要項目

的話，那麼你選擇哪一檔股票基金其實就不是那麼地重要。不過雖然不重要，但是不代表它對投資結果沒有影響。這個狀態等同於當你因為口味偏好選擇墨西哥快餐而捨棄漢堡時，不管你點燻豬肉三明治或醃牛肉三明治，都會比吃麥當勞來得好。

規劃適當的投資組合自然至關重要，但是請不要過度在意精準性。因為研究出準確的投資組合建議應該是金融專家、機構型投資者與投資顧問的工作。專家們可能可以看見投資組合中可操作的差異，好比69％或是71％的股票分配等。但是在金融領域裡，有些差異並沒有實質上的意義，好比在許多投資組合中，當你計算稅務、交易成本、時間與心神後，許多轉換之間其實僅存在著相當微小的差別。

現代投資組合理論的開創者哈利‧馬可維茲（Harry Markowitz），曾經用一個精彩的故事，說明了這個道理。馬可維茲計算出了最樂觀的個人投資組合後，卻發現連他自己都無法下定決心。「我應該要計算資產類別的持續性相對差異，並且找出最具效率的組合類型。」馬可維茲這麼回憶道。結果，他卻選擇了最簡單的行為方式：「我想像當股市飆升但自己沒有進場的痛苦，以及當股票崩毀，而我卻身在其中的難堪。結果我決定將自己的投資各分成兩半，一半在債券，一半在股票。」馬可維茲並沒有運用自己的經典理論來進行個人投資組合的操作。身為諾貝爾獎得主，他只選擇了「還不錯」的投資組合計劃方式。那麼，這對我們普通人來說應該也夠好了吧。

適當的資產配置是投資成功的關鍵。

Tips3：個別投資項目→最好的標的並不存在

應該所有人都記得電影《巧克力冒險工廠》裡，當遊客打開門看見房內的巧克力河流、糖果樹與棒棒糖花那美妙的一幕吧？那就像是一個令人流連忘返的歡樂天堂。而對投資者來說，我相信財經雜誌、金融電視節目就像在大放送彩色糖果給成年人一樣，讓我們幻想有天會賺大錢。對野心勃勃的成年人來說，市場就是那條巧克力河。琳瑯滿目的金融商品讓我們充滿希望、甚至有點貪心。我們每個人都有可能變成電影裡的發明家奧古斯塔（Augustus Gloop）。

從十七世紀的鬱金香球莖到二十一世紀的比特幣，我們的眼光不斷地捕捉當下最亮眼的商品。在金融領域裡，我們很難不聚焦於幾項投資標的：股票、債券、外幣、原物料、衍生性商品、共同基金、對沖基金、交易所買賣基金（exchange-traded funds）、不動產，以及全球市場裡各式各樣的商品。投資不只是一項腦內活動，它還會加速我們的心跳、放大瞳孔、讓皮膚發熱、甚至刺激腦內的多巴胺飛馳。

我們選擇用來建立投資組合的標的自然十分重要，但是這

份重要性唯有透過自適簡化的脈絡才能真正明晰，唯有當圓形、三角形帶我們走得夠遠的時候，個別投資標的才會具有影響力。好比要蓋房子時，選磚頭或木頭自然有很大的差別，但是這些差別也唯有在我們先選擇了城市、社區、房屋平面規劃後才能顯現得出來。當客觀條件存在時，成功的選股策略將可以帶來大筆的收益。我相信微軟的早期股東現在應該都過著優渥的生活。但是當年投資安隆公司的投資者恐怕過得不會太闊綽。然而，真正的挑戰在於當我們試圖選出真正的好牌，那種可以真正改變生活的好選擇時，心理偏見會不斷地刺激我們做出錯誤判斷。

對我們而言，選對股票、債券或基金的目的在於減少錯誤。我們希望不要選到任何會破壞整體投資組合的單一標的。

避免失敗或許沒有比贏得賭局來得刺激。但這又如何呢？事實上，會把自己陷於投資災難的人，多半對投資這遊戲太過著迷。好比去逛賭場一樣，股票或債券交易或許讓人精神振奮，但是很少人能從拉斯維加斯笑著回家。

對任何人來說，選股都不簡單[11]。所有想要在交易股票裡得勝的投資者們都得問問自己，交易方到底是誰？當你在買股票時，是誰在拋售？當你在賣股票時，誰又在買入？他們握有你不知道的資訊嗎？當然，你永遠不會知道對方是誰。他可能是對沖基金的管理者、超級電腦、金融顧問，甚至是鄰居老王。你不會知道[12]。撲克牌玩家們常說，如果你玩了三十分鐘

還不知道誰是輸家的話，那麼輸家應該就是你了。這句話在投資的世界裡恐怕也相當神準。

有難以計數的市場專家們不斷地在尋找對的標的。因為對的標的可以創造出極大的報酬，這也是為什麼有那麼多人急於投入市場的原因。但是大部分的長期研究數據都顯示，要能持續選對投資標的幾乎是不可能的事。根據金融分析機構標準普爾（Standard and Poor's）的報告，若以五至十年作為研究範疇，有超過五分之四的專業股票操作者都無法擊敗他們的市場[13]（不管是大盤股、小盤股、國際市場皆是）。

同樣的，那些企圖選出最佳基金的投資專家，多半也無法證實自己的眼光。正如同我在《投資者的矛盾》一書裡討論過的，沒有任何證據顯示投資專家能夠持續地選出對的投資標的。不管是鄰居老王，或是專業的退休金基金管理者，多半也是依據近期表現購買優質股票，或賣出走勢被看壞的股票。基本上很少有人能夠推翻這個常理。

好消息是，真正應該重視的投資行為與投資組合操作並非零和博弈（zero-sum competitions）。相反的，我們需要選出最適當的標的穩健持守。

我心目中的投資大師蒙格曾經說過，「你總是要回頭的」。

他的意思是你需要一再地審視同樣的問題。如果想法過於拘泥，投資結果也不可能太耀眼，帳目表現自然差強人意。

我們的三角形提供了三種主要的檢視方向。我鼓勵讀者們仔細地思考以下三種觀點：

- 首先，最重要的關鍵在於「減少錯誤」，而不是「取得成功」。管理風險比追求報酬來得重要。對於當代的投資文化而言，以避免風險為上才是正確的態度。大部分歷史上最偉大的投資者都有此特質，這也是我們能保護自己繼續留在賽局的方法。
- 其次，要想將資產最大化必須先解決負債。雖然有很多金融專家一再強調我們應該將選對投資標的或「打敗市場」，當作最大目標。但是，不論時間點多麼遙遠，我們都應當先償清負資產。
- 要搞懂投資，得先好好地照照鏡子，檢視自己，這比觀察他人或盯著金融節目都更有用。隨著時間的推移，我們的心理起伏狀態才是掌握金融投資表現的關鍵點。

現在，讓我們來看看正方形，並找到真正能成長、與穩守財富的絕佳方法。

第四部分

策略

如何取得最佳報酬？

第八章

灰色地帶

突破複雜金融賽局的障礙

越簡單越好，但不能簡單過了頭。

——艾伯特·愛因斯坦（Albert Einstein）
物理學家

懷疑讓人不愉快，但是過於肯定又無比荒謬。

——伏爾泰（Voltaire）
哲學與文學家

保持簡單並不容易

　　伊格納茲・塞麥爾維斯博士（Dr. Ignaz Semmelweis）心神不寧。1840 年時，身為維也納綜合醫院婦產科的主治醫師，他目睹無數的孕婦在分娩後過世。當時「產褥熱」（childbed fever）猖獗，並讓許多孕婦因此失去性命。

　　「產褥熱」現象讓塞麥爾維斯束手無策。他觀察到在醫院生產的準媽媽們的死亡率高於那些在街頭分娩的產婦，當時每十個在醫院生產的產婦就有一人死亡；而在醫院生產的產婦死亡率亦高於小型診所，後者死亡率約為二十五比一。對當時的準媽媽們來說，讓專業醫師接生似乎是最危險的選擇。

　　塞麥爾維斯積極地為產褥熱尋找解答。從合理的懷疑（分娩的姿勢），到比較荒謬的臆測（醫院牧師為過世孕婦敲打喪鐘的方式），他都仔細進行推敲。同時，其他醫院的醫師也繼續使用「傳統」方法為孕婦解熱，好比放血、發疹、灌腸、大量使用水蛭。幾乎把能想到的方法都用上了。

　　最後他認為「屍斑污染」正是產褥熱的元兇。在十九世紀中期時，醫師時常在不同診間裡接觸各類型病患，穿梭在大小診療之間。塞麥爾維斯認為醫師的骯髒雙手，特別是碰觸過死屍血液或內臟的醫師們，等同將病毒傳染給孕婦，並造成其高熱死亡。

　　他的解決之道很簡單：洗手。

至少這對活在二十一世紀的我們來說，實在太簡單了吧。但在人類歷史上，我們開始意識到醫師應該要在診治不同病人前清潔雙手的時間實在不算太長[1]。但他的作法確實有效。當維也納綜合醫院的醫師們開始洗手後，死於產褥熱的孕婦比率大幅降至1％。

　　塞麥爾維斯的「簡單」開啟了醫學史上的變革，未來的數十年間，醫學界的李斯特（Joseph Lister）與派斯特（Louis Pasteur）等人奠基了疾病細菌學說。現在被我們視為普通常識的觀點，在當時卻是驚為天人的想法。

～

　　簡單也很不容易。

　　不管是以原則或是實踐的觀點來看，保持簡單都是一個吸引人的選項。每個世代都會認為自己的年代比上個世代來得更為困難，因此，我們的內心終究會渴望簡單。然而，人們也不是一開始就懂得簡單的好處，因為人的頭腦似乎永遠追求更高的複雜性。不管在生活的哪個層面──食物、朋友或共同基金，我們都希望擁有更多的選項。應該任何在星巴克大排長龍、聽見別人點餐內容的人，都可以懂得這個道理的吧。

　　在更深的內心層面裡，「選擇」也是我們對生活有所控制的象徵。因此，擁有更多的選項意味著更有安全感的生活。我

們自然而然地會想要更多，這不是因為出於貪婪，而是出於求生本能。

　　複雜通常意味著豐富。不管是工作、愛情、藝術、娛樂或很多其他事情，簡單可能意味著無聊。我們希望可以享受豐富的生活並且避免無趣的重複感[2]。我們渴望「美術館效應」（museum effect）。你希望在美術館看最愛的畫作的同時，還能欣賞與觀察其他作品。你喜歡最愛的那條牛仔褲和附近街角的泰國餐廳，但你還是想要有滿滿櫥櫃的衣服和餐廳快找 App。選擇性為生活帶來樂趣，而豐富的選擇性往往與簡單背道而馳。

　　因此，複雜是賣錢的。雖然有人不免會抱怨 IKEA 賣場中無窮無盡的走道，或是 The Cheesecake Factory 美式餐館的菜單裡塞滿了甜點選項，但這些地方的人潮還是不斷地湧入呀。金融世界也是一樣的道理。其實只要掌握幾個基本原則，我們就可以擁有較好的投資結果，好比買低賣高、分散投資以及不要隨便更改計畫，但我們時常會因為追求複雜度而棄守了這些原則。不管是加密貨幣或對沖基金，金融世界的一切都可以用複雜兩字一語道盡。「以長遠的眼光投資」聽起來很有哲理，但是討論比特幣當然更好玩啦。

　　通常我們傾向以複雜的方式解決自認為較為複雜、有著各方面縱深與向度的問題。這說明了為什麼有時候天才反而能用更簡單純粹的方式釐清問題。最有名的例子好比愛因斯坦能用

一個方程式顛覆整個物理界，當然，他確實花費了近十年的時間才精煉出那個方程式。其他的知名人物好比亞里斯多德的邏輯學、達爾文的演化論、史蒂夫・賈伯斯的設計，都以更優雅的方式想像整個世界，也因此他們創造出了屬於自己的時代。

簡單從來不是一件容易的事。日常生活自有趨向熵（Entropy），也就是失常的特質，這點只要看看我們的房間或是整理一下自己的電子信箱就可明白。

然而，投資領域比其他專業更需要簡單化。投資領域充滿了術語行話、以及浩瀚的數學規則，任何環節都充滿了風險與犯錯的可能。當你打開財經新聞台、翻開《華爾街日報》、打開彭博財經軟體，甚至隨便和一個金融顧問談話，都可以瞬間感到複雜的重量。因此，簡單成為我們能抵抗的工具。然而，這並不是一件容易的事，因此我們需要透過建立自適簡化的潛規則，準備好心態，面對投資難題。

通常我們以能否達到預期目標來判定投資決策是否成功。「好」的決定可以帶來可觀和適切的報酬，只不過，想要取得成功與如何打敗市場，或打敗其他投資者毫無關係。「壞」的投資決定多半與其目標的模糊與不切實際有關。當我們能以更概念化的思維觀察投資問題、限縮預期目標時，我們更有可能定位自己的方向。

在〈第九章〉中，我將告訴讀者們如何建立確實的投資目標，但首先我們必須先明瞭問題的輪廓。我們大腦的運作方式

造成了兩種致使問題難以簡化的障礙，它們是：

1. 類別（Categories）

投資領域運用精巧繁複的語言學架構，充滿了難以理解的術語和類型。「這是什麼？」或許是很難讓人開口的基本問題，但金融領域確實充滿了高度複雜的邏輯。

2. 概率（Probabilities）

大腦偏好確定性，因此讓我們喪失在模糊狀態中判斷結果的部分能力。我們必須問「機會到底有多大？」然而，大部分的人寧可選擇精準的誤判，而非更為正確的廣泛預測。

這或許聽起來有點虛無縹緲，但是自適簡化過程中的一個重要步驟，正是在於討論類別與概率。讓我們先以比較廣泛的觀點來分別論述這兩種讓問題難以簡化的障礙，最後再思考如何運用在投資操作上。

第一道障礙：類別

「這是什麼？」

我相信每個人每天都在腦海裡問過自己無數次這個問題。我們對身邊的世界充滿了疑問。當我們的快腦袋運作時，或許

每分每秒都閃過類似的疑惑，我們必須時時刻刻理解這個世界，觀察當下狀態是否有任何危險或疑慮。「這正常嗎？」「這是個意外嗎？」早在我們面對「要逃跑，還是要戰鬥」的抉擇前，我們也得先分辨眼前的是猛虎還是綿羊吧？

我們透過類別差異定義自己的真實。不管是日常瑣事或是更為形上學的意義，類別像是我們如何觀看自身生活經驗的濾鏡。但是，我們對此竟然無知無覺。作家華萊斯（David Foster Wallace）曾經寫過一個故事：

> 水裡有兩條小魚游動，牠們遇見了另外一條年紀較長的魚，往另外一個方向游去。老魚向牠們打招呼，「男孩們，今天的水如何呀？」兩條小魚繼續地往前游，過了不久，其中一條小魚問對方，「什麼是水呀？」[3]

雖然「類別」沒有實體形貌，但是它無處不在。也因此，類別能讓我們成為比較好，或是比較差的投資者。可以看穿現代金融術語與繁複潛規則的人，多半可以做出更好的投資決定。

知名語言學家喬治‧萊考夫（George Lakoff）寫過，「類別的重要性不容小覷。將我們的思想、感知、行動與語言類型化，是最根本的一件事。當任何事物出現在眼前時，我們的第一個念頭就是將它……歸類。[4]」當系統一運作時，我們會本能

地將所有日常事物與事件進行分類。如果有任何事物無法單一歸於為某種類別，或是跨足兩個類型時，我們的系統二就必須啟動，並將它合理化。

我們將擁有相似特質的事物歸屬於同一架構的類型，以便進行討論。橡樹和榆樹有什麼相似之處嗎？它們都是「樹」。如果再加進蕨類，你就有了「植物」。哈士奇和貴賓狗都是「狗」，如果現在房間裡走進了一隻貓咪，那我們就是在討論「動物」或「寵物」。門外停著的雪佛蘭和福特都是「汽車」。如果再把旁邊停的摩托車加進來，那就不能統稱為車，而該稱為「交通工具」。

這聽起來好像是深奧的符號學辯論，但其實並不是。相反的，這凸顯了我們如何辨識現實。透過所運用的字詞與類別，我們認識這個世界、認識自己。

其實所謂的「歸類」並不只是在形容這個世界，而是在判斷這個世界。當我們在問這是什麼的時候，通常還想知道這東西好不好。有些時候，這只是很小的差別，有人喜歡代糖、有人喜歡純糖，兩者都是「甜味劑」，只是對健康有著不同的影響。

但是在某些狀況下，這些差別會帶來更深層的影響，特別是當某些類別包含著更為純粹的本質的時候。當某事物並無某種類別所包含的特定價值時，它會顯得比較沒有價值。美國立國時將有色人種視為僅「60％」接近一個「真正」的人。同樣

的，白種成年人皆為公民，但其中只有「男性」擁有投票權。目前針對跨性別者權益的討論也是在辯論其類別，思考其歸屬與合法性。

有些時候，無法歸屬並不是件不好的事。無法歸屬的事物常常能推動創造與革命。不管是地動說、公民權、搖滾樂（這不是音樂！）以及其他顛覆常態的故事都推動了人類的進步。但是欣賞無法歸屬的事物與系統二的思考有所關連。通常，系統一負責告訴我們什麼是「相似的」，什麼是「不一樣的」。當所判斷的層面日益複雜時，我們不免感到困厄。因此，要與看似陌生的事物互動，需要更多的心力，這讓我們更需要自適簡化的能力。

現在就讓我們學習運用一點語言學能力，讓自己成為更好的投資者。

• 類別與我們的金錢生活

正如華萊斯的故事所描述的，投資者面臨著無數的分類，儘管我們不見得有所察覺。

股票、債券、成長與收益、房地產與商品、積極成長型與逆勢價值（contrarian value）、禿鷹策略（iron condors）與掩護性買權（covered calls）、杯柄形價格型態（cup-and-handle）與三底價格型態（triple bottom）……，討論可以無止無盡。事實上當我們在投資債券時，我們從來不是在討論單一的選項。單

一債券可能涵蓋了「股票」、「健康保險」、「歐洲」、「大型資本」等無數分類，而每個類別之間又有無數的重疊範圍。此外，所有的債券與不同的策略型態結合——長期、短期、槓桿式與選擇性兌付等等。我們需要穩定而有意義的描述，才能從無盡的分類之中脫身而出。

物理學家理察・費曼（Richard Feynman）如此觀察，「知道事物的名字和知道其本質是不同的。」這個論點洞悉了所有我們渴望釐清的領域，當然投資理財也不例外。舉例來說，有時候我會聽到別人說他們想要投資「共同基金」。不幸的是，他們的說法暴露了一種根本上的錯誤。當然，消費者可以購買共同基金，但是若以功能為出發點來看（想要冒某種合適的風險以達到特定投資目標），共同基金並不是「一個」選項。交易所交易基金（exchange-traded funds）也是，它是某種共同基金的衍生產品。當人們說「我的顧問要我買共同基金」（或是交易所交易基金）時，這聽起來實在很像你要和銷售員買一輛「移動交通工具」。那究竟是汽車、卡車、摩托車還是船呢？

當人們繼續討論更複雜的投資計畫時，那些對話聽起來又更模糊了。這可能牽涉到年金、不動產、衍生性商品等等，但我們先用對沖基金來當例子。在我整個金融業生涯裡，操作對沖基金佔據了我相當久的時間，但是即便對最專業的投資專家來說，要能掌握對沖基金的首要關鍵，在於語言學的訓練。你需要先釐清要投資的到底是什麼，才能設立合理的目標。通常

我們得花數個小時的調查時間才能得到答案。

　　許多專家形容對沖基金為具有「近似股票」報酬率，與「近似債券」波動性的投資選擇，這兩種形容詞都非常模糊。其他人則將對沖基金形容為高成長、高收益的投資商品。但是上述所有形容都不正確，因為事實上對沖基金根本不是一種實際的投資類別，它不是一個「選項」。如果我們再進一步思考金融世界裡的策略類型，好比全球巨集觀策略（global macro strategy）、套利、股票多空對沖等，我們會開始發現，沒有任何一個類別能夠單獨成立。這簡直是一團混亂。

　　我們需要在龐雜浩瀚的專業術語中，辨析出什麼才是真正重要的。要怎麼做呢？首先，我們要先檢視其廣泛性（generality）。我們會希望以比較廣泛全面的視角思考我們的問題，還是想以特定、狹窄的觀點進行判斷呢？

　　或許生物學可以給我們一點靈感。生命科學裡的基本分類法非常簡明、清晰。分類學（taxonomies）代表一個非常完整、連貫的分類系統，它不僅相當廣泛，也非常專精。在分類學的系統裡，越往「上」的階級會比下層階級更為廣泛。在生物學的世界裡，我們從最廣泛的分類，深入至最精細的分類：界、門、綱、目、科、屬、種。透過不同的特徵與特性，我們將生物界進行區隔。舉例來說，紅狐狸種（Vulpes Vulpes）屬於狐狸屬，再來屬於犬科，而犬科則包含所有的狐狸、狗、狼與豺。而最上層的界則為動物界。

通常投資領域裡的語言學困擾來自於你所專注思考範圍的抽象程度。但只要你對照著投資研究機構《晨星》所提供簡易明瞭的理財資訊彙整表，應該就會大有進展。圖8-1是一張基本的投資分類表，僅包含兩項比較抽象的概念。最上方是兩項主要資產類別，股票與債券。如同我們在〈第七章〉討論的，資產類別概括了較相似特質與活動的投資項目。

圖8-1 基本投資分類表

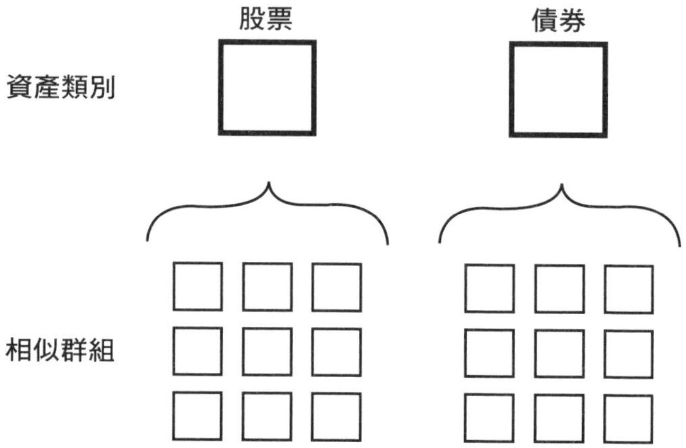

在此分類表中，第二項為較細緻的股票與資產分類，我們可以稱之為「相似群組」。晨星集團提供了我們九項相似類別。在股票基金中，最重要的兩個主軸為投資公司的規模，以及其價值指標（valuation metrics，好比投資成長緩慢的公用事業所花費的資本，遠較投資成長迅速的科技公司來得少）；債券基

金的特性則在於較好的信用評級，與面對利率波動的彈性。

　　因此，在此情況之下，投資者可以選擇十八種投資項目，好比中型價值股、高評級短期債券等。大部分投資者所選擇的共同基金投資，都落在表格內的十八個選項中。

　　釐清基本特性才能建構實用的分類表，分類方式必須明確定義、可量化並且不能彼此重疊（如圖8-2）。就好比生物學中的紅狐狸一樣，其定義毫不模糊。而投資分類也必須如此。而圖8-2的分類表格僅只是共同基金較完整列表中的一部分而已。

　　噢！現在不難想像語言學的複雜程度，加深了我們的投資選擇過程。讓我們從上往下看，圖8-2最上方代表較為廣泛的分類，越往下則越細緻。在最上方的欄目裡代表所有的基金，在此定義相當模糊。第二個欄目則是較廣泛的資產類別，包含了股票、債券等七種項目，其中也包含了國內股票、海外股票、應稅債券、非應稅債券、商品、產業型基金、另類基金（alternatives funds，好比流動對沖基金）、配置基金（allocation funds，一系列包含跨資產類別的動態配置基金）。

　　在此七種資產類別之下，還包含了將近一百零三種的相似群組，到此已經難以盡述。當然，在此類別之中的投資項目，已經包含了交叉涵蓋與近似的選擇。舉例來說，有許多的「另類基金」與「配置基金」所操作的其實都是股票。當下方市場的驅動力完全相同時，國內與海外股票自然可維持其獨特性。不同的產業基金也擁有完全相異的股票類別。以此類推。我可

圖8-2 較完整的投資分類表

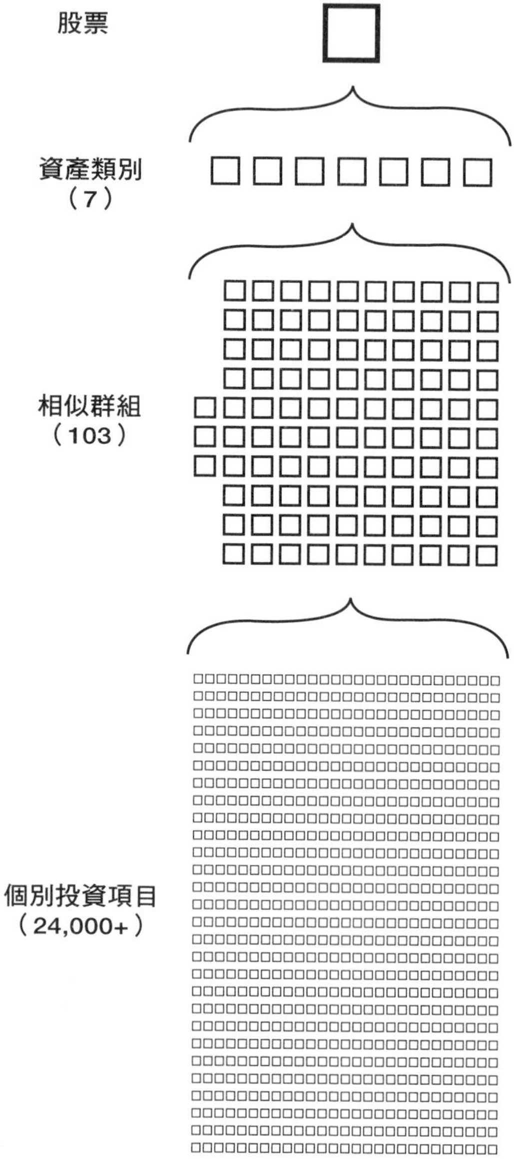

股票

資產類別
（7）

相似群組
（103）

個別投資項目
（24,000+）

以列滿整頁其他金融分析師與投資者琅琅上口的龐大投資語言學難題。

　　就像我之前說的，想要簡單其實非常困難。那麼我們該如何突破令人困擾的術語迷障呢？首先，我們得問自己一個非常簡單卻最有力的問題：這是什麼？我們可以一再地問自己，直到找到更清楚的答案為止。〈第九章〉所列出的正方形的四個直角，會讓你找到更清楚的答案。

　　上述練習的目的在於區別屬性與功能。一輛汽車有車門、輪胎與引擎，也能將乘客載運到其他地方。有些分類會比其他分類更有實質意義。對投資者來說，真正重要的是投資項目的效益，而非其定義。前面曾經提過資產類別的正式定義為：一系列具有相似特性與波動反映的投資項目，但即便是這個說法仍舊模糊了其中的許多屬性與功能。有時候即便是相似的選項也不會有相似的反應結果。相反的，有時相異的投資項目卻以同樣的方式波動。

　　再來，我們得認識到要將事物分類，亦必須包含重新判斷的過程。要將任何事物納入特定類別，必然得思考其經驗性特質（empirical quality）與普遍性特質（normative quality），那就是：這是什麼？是好的嗎？還是壞的？在投資的世界裡，所謂的好壞意味著安全或風險。

　　在上述任何類別中的選項是安全的嗎？還是危險的？任何假設都不會是明智的選擇。讓我們來思考股票與債券的基本

差別。大部分人會認為股票的風險較後者來得高。這是絕對的嗎？首先，市場上也有很多高風險的債券與保守的股票。請對比大型公用事業股票，與小型生物科技公司發行的無擔保債券。再來，兩者的風險其實都取決於你想達到（或避免）的投資目標。如果你的目標是在一段長時間裡累積財富，那麼債券就比股票來的危險，因為如果將時間拉長至數十年來看，股票的報酬往往比債券來得更高。在這裡，真正的風險在於無法達成目標。相反的，如果我們將風險定義為短期波動或突然的跌幅，那麼股票確實更為危險。安全，抑或危險，端看我們如何檢視。

 類別可以釐清我們的世界，也可能混淆我們的世界。

第二道障礙：概率

「機率是多少？」

我們的腦袋其實不擅長以概率的概念計算問題，因此，缺乏與統計學邏輯有關的能力，讓我們難以做出好的投資決策。

為什麼這麼難呢？因為人類喜愛確定性。因為我們需要。回到演化論中的求生本能說，我們的快腦袋必須瞬間決定要戰

鬥還是要逃跑。我們無法計算有72％的機會老虎會展開攻擊，有28％的機會牠會悠哉離開。我們只能想：這看起來好危險，我得趕快逃命吧！我想人類在離開大草原時代以後也沒有真的改變多少吧。

　　行為金融學的主要一個核心重點，就在於對模糊的未來，進行主觀的概率判斷。舉例來說，請試著假想自己在以下的情境裡。你走進眼花撩亂、面積堪比足球場大的賭場，炫目的燈光不斷地閃爍。到處都有賭客捉對廝殺，偶爾還聽到贏家的吶喊聲。你的心跳越來越快，也決定加入戰局，首先你從輪盤開始。輪盤大概是賭場裡最沒有殺傷力的遊戲，畢竟你只是在數字1到35之間做決定。甚至還有個更簡單的賭法，你也可以只選擇與數字相應的紅色或黑色。

　　現在，你在兩張桌子間猶疑，不確定要從哪邊開始展開廝殺。不過輪盤桌有個很方便的設計，就是桌旁會有數位電子錶呈現之前輪盤的結果，以下是兩張賭桌開牌簡化後的結果，我僅呈現開盤顏色，數字則予以省略：

- 桌子一：黑黑黑黑黑黑黑
- 桌子二：黑紅紅黑黑紅黑

你會賭哪一桌贏？

千萬別想像賭場會如此大方，這些電子錶不是為了要給你

有用的資訊。它們想暗示你牌局有某些模式的存在。這些電子錶吸引系統一大腦的注意，讓我們很快地誤以為輪盤和日常生活一樣，都有個基礎模式。而「懶惰」的系統二則閒置一旁，等待被喚醒解決更複雜的問題。

在賭場裡，你看到桌子一連七次都開出黑色。你本能地會想「黑色現在當道」，但再仔細思考一陣子後，你就知道那不是真的。讓我們假設輪盤的平衡度完全正確，所有的開盤結果應當都是隨機的。桌子二雖然呈現混亂的狀態，但其實它和桌子一的狀態毫無二致。不管如何，下一次開盤的結果，黑色或紅色的機率應該都是一半一半。然而，很多賭客會本能地認為桌子一應該要換紅色出場了，因此而下注。其他人則判斷黑色會繼續當道。在兩種情況底下，上述賭客都依照根本不存在的模式進行決策。

人類的大腦不太偏好隨機性（randomness）。因為系統一的關係，我們傾向相信事物都有其秩序，並且可被預測。但是隨機性時常讓我們失手，不管是在賭場玩一把、打籃球、在工作崗位上或養育小孩都是。

著作等身而又自信過人的概率專家納西姆・塔雷伯（Nassim Taleb）精準觀察大部分的事件都與隨機性有關，雖然這並非說所有的事件都是隨機發生[5]，但其比例遠大於我們的本能想像。機會與運氣在我們的人生中有著非常重要的位子，但是只要透過精確地規劃與分析，我們仍舊能勾勒出有意義的

現存模式。

由於人類一直得和不確定性戰鬥，因此我們的腦袋很容易「直接做結論」。大腦的系統一部門十分忙碌，時時刻刻都在理解這個世界。「快速做結論，會是最有效率的方法，如果結論多半都正確，而犯錯的損失也沒有太過龐大時，早點下判斷確實可以節省時間和心力。如此一來，我們可以讓世界看起來更簡單與更連貫，即便這與真正的世界有所違背也無妨[6]。」

這麼做的結果很複雜。首先我們有可能會過分重視不太可能會發生的特殊事件。我生長在 1970 年代，小時候我真的很怕德州的殺人蜂群會大舉侵略，長驅直入西南方的賓州，讓我不得安眠。我不記得為什麼會有這樣的莫名恐懼，但我很記得自己天天在想這件事（當然殺人蜂根本沒來）。

然而，當我們過分執著地一直想著某事的時候，即便那件事遠遠與我們無關，都有可能讓我們對未來的發展作出錯誤判斷。這比殺人蜂、鯊魚攻擊或其他荒謬的恐懼還要更具傷害性。這說明了為什麼我們會喜歡玩樂透或是買保險，並為極少可能發生的事件付出昂貴的成本。此外，過分地執念讓人相信極罕見的事情確實會發生，好比股市崩盤或得到重大疾病。

另一個我們不擅長以概率思考的後果，就是我們傾向認為事情的進展將會以「眼前可見」的資訊為發展依據。如同康納曼說的，「所見已是全部事實」。這樣的認知偏誤讓我們往往仰賴回憶裡的資訊，判斷事情未來的走向。在輪盤遊戲裡，我們

以為亂數出現的開盤顏色呈現了一定的模式。當某個社會媒體股價飆高時，我們「以為」走勢會一直維持下去。當昨晚新聞播報豺狼在附近社區出沒時，我們會開始認為罕見的野生動物攻擊事件會發生在自己身上。當下，就是我們的一切。

同樣的，我們也很容易使用自以為的常識，或其他不可靠的假設推測未來。舉例來說，生活在1980與1990年代的嬰兒潮世代，在股市裡得到了極其豐厚的報酬，這讓許多現在的投資者懷抱著過高而不切實際的幻想，認為股市終將帶來超高利潤。

對概率的無知所造成的第三個後果就是，我們往往受到問題被呈現的方式影響，而進行決定。請看看下面的例子：

- 有兩種藥劑可以幫助我們抵抗重病，第一種有5％的致死率，而另一種替代藥物則有95％的存活率。你會選擇後者。
- 眼前有一盒「97％無脂肪」的乳酪起士，另一間廠商則推出「3％含脂」的商品。你會選擇前者。

在上面的兩個例子中，兩個選項是一模一樣的。但是，你會在選擇的瞬間產生偏好。如果你是經濟學家或統計學家，恐怕會因此猶豫不決，只有心理學家能坦率做出決定。我們的統計學直覺（無法一眼看出兩個選項間毫無差異）表現可說是奇

差無比，只要稍加操弄語言，就可以得到截然不同的反應[7]。

• 概率與我們的金錢生活

資本市場裡沒有任何一件事是確定的，但是人類以自己的心理直覺判斷，並帶來好或壞的結果。在金融市場裡冒著風險投資的行為本身，就是在進行對未來的預判[8]。假使我們仰賴鬆散的直覺進行決策，那我們恐怕不但無法達到投資目標，還有可能面臨極大的損失。

和前述的分類與投資討論一樣，當我們想搞懂概率與投資之間的關係時，首先得認清楚我們的問題。唯有擁有好的自我認識才能做出好的決定，而相對的，才能獲得好的回報。更具體的說，我們必須先理解隨機性與運氣在金融世界裡的重量。我們不僅常常看見根本不存在的模式，還喜歡對事件的結果附加錯誤的解釋。

舉個例子，我們認識了一個非常聰明的投資理財經理，接著我們會認為她操作的基金獲利如此之高，應該是她的操盤技術相當精湛的緣故。這可能是真的，但是一個人的技術好壞實在很難一眼看出來。我們應該先設想隨機性與運氣更有可能主導投資走勢，金融業裡所說的技術或許並沒有如此重要。

再來，我們應該努力地試著推想投資結果的可能範圍，並作出精準的估算。我們即將在下一章談論到，傳統觀點認為股票每年的回報率「約為10％」。人們更相信股票與債券之間存

在著相當低的連動關係。這兩項判斷其實都沒有事實的根據，甚至可說是某種誤導。同樣的，我們也不該過度詮釋極端事件的發生。好比2007至2009年的熊市，仍舊讓許多投資者耿耿於懷，儘管要再次發生空頭市場的機率根本微乎其微。

簡化的第一步必定是能夠設立短期目標，而這長達數年的短期目標有可能會面臨無數的高低起伏與波動，很少人能夠有足夠的情緒智商熬過這一關。

最後，我們得找出並且避免類似樂透般的投資情況，為過低的機率付出高昂的成本。此類型的投資項目包括期權投資、高成長股票（好比找到下一個 Netflix），或是高報酬的單一事件（好比企業合併或公開首次募股）等。

知名經濟學者凱因斯（John Maynard Keynes）曾經建議「可能猜對總比絕對猜錯好」，他算是徹底洞悉了好的金融決策背後的心理學之道。害怕模糊，並且尋求穩定與秩序，會不斷地成為我們投資的阻礙，我們必須一次又一次地努力克服這個困難。

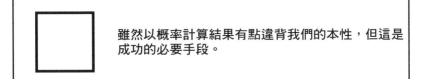

雖然以概率計算結果有點違背我們的本性，但這是成功的必要手段。

錯誤的金融精準

沒有人會敢相信，充滿數字與等號的金融世界有可能存在著任何準確性，類似的工程性問題，大概得透過一連串的步驟，才能得到一個正確的答案。

（啊，這種想法其實是錯誤的。）不過這也是好事。投資和大部份人的想像相反，缺乏了任何準確性，因此透過正確的準備工作，我們都可能可以達成目標。

我們不妨聽聽蒙格的說法，「我們喜歡買東西……，不管結果如何，應該都不錯。」或許這只是股票交易富豪過份謙遜的客套話，但是他的觀點不但非常重要，也很實用：我們必須接受投資的不確定性，在追求的過程中保持謙虛，而在大部分的情況下結果也都不會太糟。

在我們的金錢生活中，必須多方考量才能找出方法，過上有意義的人生。而在做投資決策時，我們必須謹慎地面對模糊的經濟術語以及適應不確定性，以維持清醒的判斷。龐大的術語迷障和過度冒險都是自適簡化過程中的主要障礙。但是我們仍舊可以運用有效的工具，達成預期目標。

面對投資難題時，最重要的心法就是承認「我不知道」。在面對如此龐大的資訊時，要承認自己並不了解狀況，不是一件很舒服的事。這會讓我們感到很無力，也因此很少人願意如此坦白。

但是看看世界上最傑出的投資者蒙格、巴菲特或其他人，他們都有如此勇氣願意承擔謙虛的重量，並且承認自己並非無所不知。謙虛聽起來和我們熟悉的華爾街之道似乎格格不入，但是謙虛比過分自信更有可能讓我們減少錯誤，以合理的速度伴隨著一定的機率，獲得較好的報酬。這聽起來並沒有很厲害不是嗎？然而，運氣正是投資成功的一大關鍵，無法保持謙虛的人或許很難接受這樣的事實。

　　成功的投資者們已經訴說了成功的方法。但是，說說總是比做到容易。在現代社會裡我們很自然地保持競爭性。我們不但想要更多，還希望比別人更好。約翰・摩根（JP. Morgan）曾經說過，「沒有任何事比得上鄰居的致富，更能影響你的投資判斷。」通往成功投資者的最佳道路就是別讓追求完美成為你的致命傷，進而無法獲得「好的結果」。

　　我們能做的最好，也最誠實的選擇，就是努力達成最好的結果。這也是最簡單的道路。我們的精力有限，自適簡化的能力也會偶爾磨損，此時追求複雜的本能與強迫感，就會為我們製造出棘手的麻煩。為了保持簡單的精神，接下來就讓我們來仔細看看正方形的四個直角。

第九章

正方形的四個直角

最佳投資的定量性因素

要讓投資結果還不錯，其實沒有我們想的難，但若是想要取得超高的報酬，則一點都不容易。

——葛拉漢（Benjamin Graham）
價值投資之父

不要見不得別人好。

——埃里克·貝克（Eric B. and Rakim）
饒舌歌手

我們的目標定義了何謂幸福的人生。當我們達到或超越原本的目標時，我們感到開心，反之則否。雖然真實的人生可能更複雜，可是簡單來講，就是如此。不管是用最簡單或更為深刻的眼光來看都是。不管是投幣買東西或是教導孩子要仁慈，基本上都是同樣的道理。

　　我設計了一個正方形協助我們管理投資的結果。正方形的內部代表投資類別與概率所帶來的問題。我們必須釐清令人困擾的投資術語，以便作出好的決策。另外，我們更需要讓自己的頭腦清醒，接受投資可能的結果與概率所帶來的影響。

　　正方形的四角代表好的潛在投資的定量性因素[1]，這四項缺一不可。讓我們使用技術性語彙：報酬、波動性、相對性與流動性。透過準確地分類後，這四項因素都擁有絕對的獨特性，並且與其他三項擁有相異的屬性。它們代表了投資的基本要素，讓我們來看看正方形所代表的技術含義：

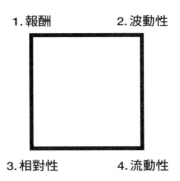

這些術語對大部分人來說可能太模糊，但是對金融專家來說，都是非常精準的字眼。雖然我們必須學習如何正確運用這四個工具，但讓我們先把它們變得好親近一點：

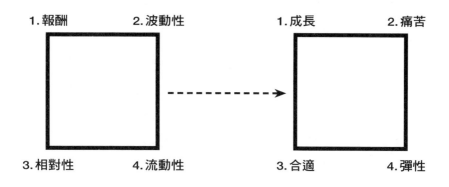

正方形代表追求財富的終點，這也是自適簡化裡少數相對較複雜的概念。所以讓我們仔細思考眼前的挑戰。我們已經確認了投資類別與概率如何影響思考與決策過程，當了解上述挑戰後，應當會讓系統二的運作較為輕鬆與有效率，而系統二的思考正是此階段最重要的環節。此時，損失規避仍舊是不斷出現的主題（好比減輕憂傷、減少錯誤等）。因此，在此脈絡之下，培養好失敗的心理準備，或許比預估成功還更有心理層面意義。畢竟，成功的投資是建立在減少後悔與提高收益之上。

同樣的，我們並非企圖提出單一完美的答案，以建立「最好」的投資組合。經濟學者或投資達人可能會對「最佳」投資組合的想法興致勃勃，但是我們難道沒有從創造「效率前緣」

（efficient frontier）概念的馬可維茲身上學到一件事嗎——接近完美就已經很好了。最後，我必須強調上面所使用的方法並不適用於「熱門」投資。我的小女兒非常著迷於獨角獸，但我們不能相信童話。那會浪費時間。我們的目標是作出好的投資選擇，能精準地釐清問題，有效地管理投資預期報酬，以及知道如何問對的問題。這好像蠻難的，或許先讓我們來試著觀察正方形的四個直角吧。

Tips1：成長→以合理的概率估算報酬

我們買下金融資產以滿足日常生活，完成夢想。金融文學大師可能會用「資本報酬率」來形容，但就讓我們稱它為收益或成長吧。我們希望把手上的小額資本轉換成較大的資本。基本上來看，我們真正向投資公司購買的主要「商品」其實是成長[2]。我們在成千上萬的金融商品列表裡，選擇各式各樣的產品（股票、債券、基金等），希望可以達成經濟資本的成長。以某個觀點看來，正方形中的其他三個直角都是為成長而存在的。

設立預期目標的第一步驟應該是先了解近程與遠程的合理報酬範圍。先前關於概率的討論應該已經讓讀者們有了清晰的概念，我們需要先確認何謂合理的報酬範圍。對我們的投資組合而言，「正常」的報酬大約是多少？這顯然與你參與的市

場很有關聯。讓我先以兩個市場作為例子：美國股票市場與債券市場。

• 股票市場

對股票來說，傳統觀點非常簡單：每年回報率約為10%[3]。不管你是問我老爸或者問你鄰居股票的「表現」大概如何，他們絕對會告訴你這個數字，甚至還更高一點。看哪，傳統觀念好像有那麼一點道理。或許一點點吧。

我們不妨在此停頓一下，思考如何估算特定長期時間內的經濟成長。許多金融資料，特別是大眾金融媒體喜歡以日曆年份作為單位。「＿＿＿年的市場表現如何？」不管是財經新聞台、《華爾街日報》，或是任何新聞台都很愛這個問題。但是問題在於，如果我們以1月1號至12月31號為單位計算市場表現的話，這一點也不精確啊！我只能說這麼問的理由完全來自於文化習慣（好比因為大家都這麼問，所以或許可行吧），但是沒有任何分析數據讓人相信這麼界定是對的。

相比之下，我比較喜歡使用「連續」的時間週期。下方是從「第一日」至另一特定日期的固定週期紀錄。舉例來說，從第一年的1月1日至12月31日為此系列的第一個連續週期；第二個連續週期則是1月2日至（隔年）1月1日；第三個連續週期則是1月3日至（隔年）的1月2日。以此類推。此單位長度可以為數日、數週或數月。若以全國為計算基準，要取得單日

資訊會是相當困難的事，以月為單位則可以是1月至12月、2月至次年1月、3月至次年2月等。

除此之外，如果以日曆月份作為單位會大大的限制觀察數據，也讓觀察的可靠性大幅降低。如果我們以1926至2017年為止的股票市場資料（以標準普爾500指數為主）觀察，這也是最常被分析師使用的資料，我們可以獲得九十二個月曆年份的數據。但是相較之下，我們若以月份為單位或是以數千或數百個日期為單位的話，可以得到一千零九十一份的連續單年週期對比資料。當我們的觀察基準越龐大時，分析的可靠性自然大幅上升。好的，我的複雜說明到此結束，下課。

圖9-1是以連續週期為單位的單年至十年的美股平均長期報酬率。

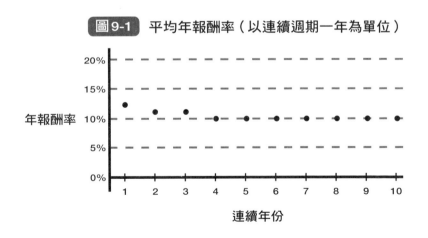

圖9-1 平均年報酬率（以連續週期一年為單位）

我們可見到「平均10%」的年報酬率說法並不正確[4]。以一年或兩年為週期時，報酬率會因為短期表現震盪而波動，但是當觀察週期拉長時，波動率會因為時間拉長而減少影響。這個數據看起來似乎比較準確而實用。

可惜的是，若以平均10%的年報酬率為目標，會誤導我們的判斷。這與我們先前談論過「如何達成經濟富有」的原則似乎相互違背：

- 無法精準設立投資預期目標。
- 忽略損失規避因素。
- 忽略概率的影響。
- 徹底忽略投資者行為如何影響長期投資結果。

曾經有個好笑的寓言說，有個男人的頭在烤箱而腳在冰箱，他還說感覺還可以。對現實生活來說，可預期目標的範圍實在太過廣泛，因此平均值概念容易讓我們在設立目標時，過於仰賴經驗。但是因為多數人太喜歡使用月曆年份的平均值算法，我們不妨看看其實在近百年來的當代股票市場史中，市場很少能創造出「平均」報酬率。而且平均值根本不能告訴你真正的消費者經驗。

因為投資讓我們的情緒像在坐雲霄飛車一樣，我們需了解投資結果的可能落點範圍。我在〈第八章〉解釋過的心理準備

似乎可以派上用場了。讓我們運用上方的連續月份資料，試著練習如何針對股票市場建立「真正的」投資預期結果，如圖9-2。

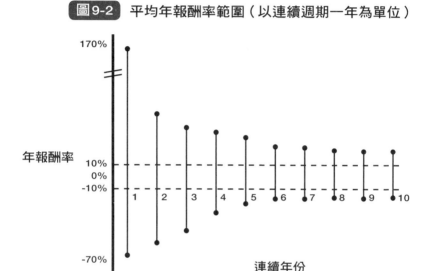

圖9-2　平均年報酬率範圍（以連續週期一年為單位）

我們得到了一張完全不一樣的圖表！現在可以清楚看見在短期時間內，潛在報酬落點有相當多的可能性。

在近一千份連續單年的數據裡，美國股票市場年報酬率曾經高攀至正166％，也可能下跌至負67％。雖然這可能是較為異常的波動，但是仍可見到較短週期的報酬率可能遠比較長週期的報酬率來得不可預期。而當我們以連續的六年週期或七年週期為單位時，股票的表現又趨於穩定，這讓投資者們比較能

訂立長期性投資目標。但是話說回來，這仍舊不是一件簡單的事，即便我們以連續十年週期來看，可能的投資結果仍舊相當不可知。

　　讓我更進一步的解釋，圖9-3為連續一年週期中的報酬率分佈。說實在的，我只是把圖9-2的直線轉換為橫線表示而已。

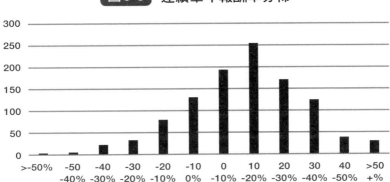

圖9-3　連續單年報酬率分佈

　　圖表的分佈區塊看起來很「正常」，前後時間點出現了「尾巴」，中間區塊則較肥。在這張圖表裡我們發現在任何的單一年時間區塊裡，美國股票市場的平均報酬率落在正40％與負20％之間，這範圍相當廣大。而最普遍的落點則在0與正20％之間。但是若將此圖表與連續十年週期做比較，如圖9-4。

　　在這張圖表裡就沒有「尾巴」了。幾乎所有的年均報酬率都落在0與正20％之間。有些連續十年週期的報酬率為負的。再補充一下：當持有風險資產的時間越長，它們越有可能恢復

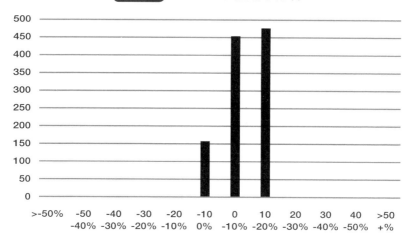

圖9-4 連續十年報酬率分佈

接近長期平均值的標準。這代表即便在長期投資狀況下，投資結果的可能範圍仍舊相當廣泛。對我們的金錢生活來說，投資十年所獲得的年報酬率若為3％或15％，這個差距自然相當巨大。為了按部就班的計畫與避免失望，我們必須試著學習接受概率的存在。

• 個別股票

最後，我們必須再思考另一關鍵，讓資本成長預期更為準確。我們先將目光從較大的「市場」結果，轉移到個別股票結果。股票市場本就包含了無數個別股票，大部分的投資者都會購買單一股票，而非包含了多檔股票的指數基金，或一次操作

多檔股票（好比共同基金）。

讓我們先從一個奇怪的投資難題開始：

- 長遠來看，股票市場提供了相當吸引人的報酬，也就是大筆的現金。
- 長遠來看，大部分股票的表現遠遠追不上現金。

換句話說，大部分的個別股票表現根本差強人意，但是整體的股票表現卻相當不錯。研究顯示，自1926年以來，58％的普通股最終的報酬率甚至不及一個月的短期國庫債券，這和現金的表現其實差不多[5]。我們一直以為，若時間拉長來看，股票的表現應該能大勝現金。結果，這其實不是真的。

為什麼會這樣呢？首先，請先回想〈第五章〉的幾個重點：風險較大的投資並不會帶來更高的報酬率，這點和許多人想的恰好相反。通常來講，更大的風險只會擴展投資結果的可能性範圍，如圖9-5。

買股票代表買進未來公司預期收益的部分紅利。當股票利潤超過預期時，投資者就會得到報酬，反之則否。我們的問題在於：真的表現夠好的公司並沒有很多。大部分我們熟知的公司都是早已成氣候的大公司（統計學稱之為偏差樣本），而那些搖搖欲墜的小公司則沒有多少人會看見。

事實上，若觀察過去九十年來的企業表現，僅有4％的公

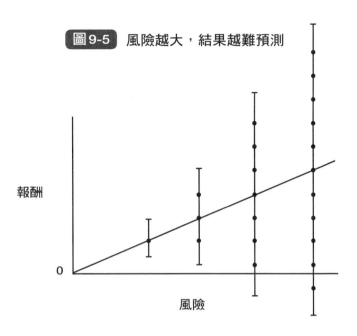

圖9-5　風險越大，結果越難預測

報酬

風險

0

司為國內股票市場帶來淨收益[6]。前八十六大的股票（總數為兩萬六千檔）創造了近50％的總利潤，相當於32兆美元。當我讀到上面這些數字時，內心確實很震撼。

　　為了更進一步的理解，我們必須先搞懂一個較為複雜的統計概念：偏態（skew）。讓我試著用下面的假設狀況來說明：我女兒參加了女童軍隊，她們每年都有賣餅乾的活動（這部分是真的）。童軍隊裡有十個女孩，其中的九個女孩各賣出50元的餅乾，而我女兒賣了100元的餅乾（可能有人幫忙多買了好幾盒）。因此，童軍隊共募得550美元，而「平均」每個童軍賣出55元的餅乾。這代表有90％女孩的募款狀況都「低於平

均值」。只有一個女孩「高於平均值」。這假設雖然有點好笑，但我們可以看出偏態的作用：表現超強的個體，創造出了無法代表任何人的平均值。

美國股票市場中的個股表現也差不多如此。據研究，股票史上約有超過一半的股票表現不如現金。唯有幾檔個股表現地十分亮眼。圖9-6完全呈現了整個股票史的狀態[7]。

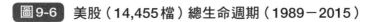

圖 9-6　美股（14,455 檔）總生命週期（1989－2015）

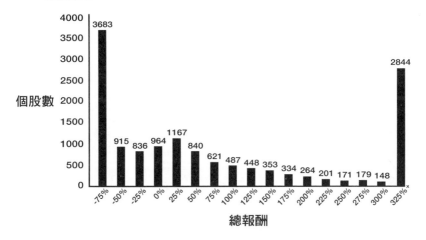

這張圖顯示為鐘形曲線（bell curve）的相反模式！大部分的事件都是極端狀況。若我們觀察整個股票史的數據，有超過一半的個股表現遠不及現金。這和大部分市場內的消費者經驗大不相同，如果我們僅仰賴高端資料與簡單的平均值進行判斷的話，結果將有所誤差。

試問：這為什麼很重要呢？

寫到這裡，可能有些讀者會懷疑我們已經偏離了經濟知足感的討論範疇。請相信我，這些討論其實很重要。我們必須為資本成長設立清晰的預期目標，這正是簡化過程中的核心工作。當我們以正方形中的四個直角檢視真正重要的投資基本因素時，將能夠更好地管理自適簡化所需要的心理狀態；而這也將帶領我們通往富有的道路。

我們的練習是為了更好的管理投資預期結果。因此，當我們認定股票「年報酬率約為10%」時，很有可能會將總體結果帶入任何單一股票上。這就是所謂的「區群謬誤」（ecological fallacy）。任何單一股票都可以表現地奇糟無比（好比過去十年來的奇異電子），也可以是超級熱門股（好比過去十年來的亞馬遜）。因此，這也讓我們確信投資者所能運用的最佳策略之一就是：分散投資。我們很難在亞馬遜爆紅前就選定這檔股票，因此最好的方式還是在市場內選擇數檔股票。

• 債券

投資組合的另一個部分則是債券。相較於股票，設立債券的成長預期目標確實容易許多。對傳統的債券市場來講，特別是標準的企業債券與政府發放的債券，初始收益率（starting yield）多半能合理地推算債券到期時的總報酬（資本增值加應計收入）。但是在債券市場裡仍舊有許多錯綜復雜的因素，因此初始收益率的預估效用，對綜合型債券組合來說較為準確，勝於單一債券[8]。圖9-7大致表現出債券收益率與報酬率的關係。

圖9-7　債券初始收益率與總報酬的關係

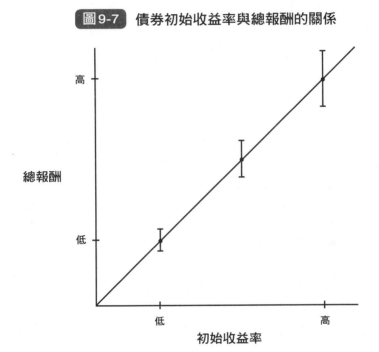

千萬別忘記債券是什麼：通常債券代表給政府或公司的債款。固定收益（fixed income）背後的數學系統多半相當複雜。換句話說，在這個資本市場內我們首要的考慮因素為借款人的

信譽，有時也被稱為「信用風險」。但如果你借款給美國政府或瑞士政府，你必定會拿回本金。但如果借款給委內瑞拉政府或岌岌可危的汽車自動零件製造商呢？很有可能你無法如預期的收回本金與收益，這也是為什麼上表中潛在投資報酬的範圍，會因借款人信譽降低而大幅變動。正如同我們在本書中一再強調的，當風險提高時，未來收益的可能性也將大幅增加，很多時候這可能會帶來不愉快的經驗。

• 投資的成長遠景

當金融資本成長時，管理投資預期的總體原則為：你支付的價格正是長期投資結果的主要決定因素。更精確一點說，你付的越多，得到的就越少。你付的越少，成長可能越多。

這和大部分的消費經驗截然不同。每年我都會帶小孩子去看芝加哥汽車展。我對汽車其實沒有多大興趣，但小朋友們喜歡在車展奔跑，看看特殊車款。以參觀車展的經驗來看的話，你花的錢越多，引擎就越大、設計更新穎、汽車工程更進步、科技設備也更尖端。在我們大部分的消費體驗裡，價格與品質成正比，或至少價格與產品設計成正比。但是，購買投資產品的經驗卻不太一樣：其他的因素或許是相同的，但你投資的越多，越可能得到較差的結果。這不僅牽涉到投資費用，也與估值（valuations）有關：你願意為該公司的利潤、債券收益率，或其他內在價值指標付出多少成本？

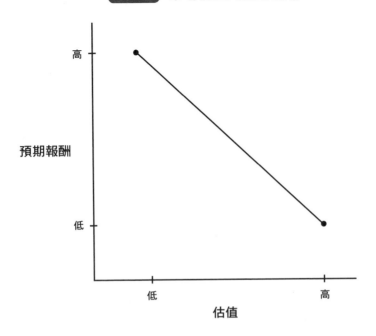

圖9-8 市場估值與預期報酬

圖9-8簡單呈現了估值與預期報酬兩者間的基本關係。當估值攀升時，預期報酬開始逐漸下滑。以我撰寫本書當下的普遍市場觀點來看，如同〈第一章〉提過的麥肯錫資料顯示，股票與債券市場都被高度預期。這意味著未來的報酬率很有可能走低。我們無法確知未來走勢，但是以合理的概率作為總體成長預期的判斷基準，而非兀自觀望歷史的鏡子，會是比較謹慎的計畫方式。

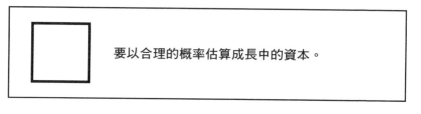

要以合理的概率估算成長中的資本。

Tips2：痛苦→波動性會帶來情緒成本

我們所擁有的任何東西的轉售價格都會時時變動。不管是車子、書、房子、衣服、棒球卡或豆豆娃（Beanie Babies）都是，當你在市場轉售時，今天的價格會與一個月或一年以後大不相同。這並不讓人擔心，因為我們並沒有打算隨時轉賣自己的財產。儘管大部分商品的價格也並不透明，好比商品的價格在eBay或其他網站上亦隨時波動，但基本上來說這根本與我們沒有太大關係。

唯有投資例外，它的價格每日都會變動，時時刻刻都在起伏。這雖然不代表投資的價值確實有所增減，但我們必須了解到金錢生活中的最大的難題在於，面對價格的波動時，我們該如何調適情緒，不受投資資產價值的過度影響。

在資產組合的成長背後，波動性是其第二大主要特性。波動性代表資產價格的突然變化，刺激投資者作出短線，並且往往相當糟糕的決策。在波動性的驅使之下，投資者傾向買高賣低，並破壞自身的未來投資目標。我在本書中也曾經不斷提到

「行為落差」導致投資者無法面對短期價格波動的實例。

波動性等同於我們為達到成長目標所付出的「情緒成本」（emotional cost）。股票與債券交易市場的長期走勢圖往往相當漂亮。但是圖表看不見的是在情勢低迷時要能堅守不退場是有多困難的一件事。市場的走勢相當重要。我們需要分析走勢，才能訂出合適的預期目標。價格還會下跌多久？我願意付出這麼大的代價嗎？

為了要解決波動帶來的痛苦，最簡單的方法是設定波動預期值，而非報酬預期值。這是因為部分資產類別的波動性將會高於其他類別；好比股票的波動性高於債券；小盤股的波動性高於大盤股；高成長債券波動性高於投資級債券。普遍來講，從借貸方（債券擁有者）到利潤分享者（股票擁有者）的道路可說是千辛萬苦。短期利潤的可得性遠低於貸款利息。

雖然波動性比報酬更容易預測，但是價格劇烈變化時（即便在預料中），投資者仍會因為貪婪（買高）或恐懼（賣低），作出最壞的決定。波動性正是潛在收益的入場券。

雖然看起來很簡單，但是我的論點和傳統觀點不同，不管是巴菲特或霍華·馬克斯等成功的投資者，都一再強調「波動性與風險不同」的錯誤論點。巴菲特和馬克斯都是投資世界裡頭腦異常清楚的思想家與作家，因此，此觀點的誤導性其實來自股票大師與普通人的目標不同。市場大亨的目標是創造里程碑與（或）將利潤極大化，而我們的目的則是要達成特定的目

標。當然,能擁有「更多」當然很棒,但是別忘了我們旁邊可能還有小孩要養。

如果我們將風險定義為是讓預期目標失誤的因素的話,那麼波動性確實是最棘手的風險之一。我們可以舉2008年的股災為例,如果沒有預期到價格波動並做好準備,許多投資者會在巨大波動中被洗出市場,當時他們在股市價格的超級低點賣出,損失慘重,並且在好多年間都無力重新返回市場。

波動性的數學概念極其複雜,不管我們如何將之命名(股票史上曾發生將近十七次大波動,但十七這個數字並沒有任何的特殊暗示)。我們不妨先討論跌幅(drawndown),跌幅雖然

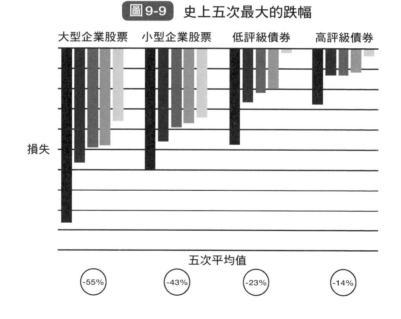

圖9-9 史上五次最大的跌幅

與波動性有關係，但卻較為簡單，這樣或許可以降低波動性所帶來的情緒化作用。跌幅代表在任何特定市場、資產類別或其他投資型態裡所經歷的實際衰退。

圖9-9列出了金融史上四大資產所經歷的最大跌幅[9]。以平均值數據來看的話，真實世界的股票波動遠比債券來得驚心動魄。但是看似保守的債券因其好壞投資結果的差異過鉅，也可能造成重大損失。以某方面來講，投資者會比較能接受股票市場的損失勝過債券所帶來的風波，因為債券向來被視為是投資組合中的穩固元素。因此，如何管理投資預期就變得十分關鍵，請見圖9-10。

圖9-10 投資風險檢查表

跌幅規模	直覺反應	可能的行動
0%到-5%	我不喜歡，但還可以接受。	開始注意狀況，但不採取行動。
-5%到-10%	這感覺有點差，有些事不對勁。	仔細檢查投資組合，雖然應該不會有所行動，但許多人應該坐立難安。有些人會因為沒有採取行動，而感覺「大膽」。
-10%到-15%	好糟！	進一步檢查有哪些資產「有用」、哪些「沒用」。有些人為了想「做點什麼」而開始賣出。
-15%到-20%	這真的好糟！	研究投資組合的變動。重大的交易活動。
> -20%	我完了！	恐慌性拋售，特別是當損失超過30%-35%時。大多數的人無法面對這種痛苦。

跌幅有其行為成本。圖9-10雖然不見得多麼科學，但是可幫助我們了解投資者如何面對損失。當損失成長時，我們的情緒越來越負面，交易行動也越來越極端。當跌幅越大，痛苦也加深了。

成功的投資帶來痛苦。

Tips3：合適→分散並最適化投資組合

我有超多羊毛外套。你應該沒興趣知道為什麼吧，但我還是要告訴你：羊毛外套不管在怎樣的天氣狀況下都很舒服，夏天傍晚或寒冷的十二月都沒問題，可以適應芝加哥多變的氣候。它們的樣子也不錯，有很多口袋可以放東西，旅行時也方便。所以我買了很多羊毛外套，可能多過我真正需要的。

我們都是習慣的動物。喜歡自己喜歡的東西，而且會一買再買。汽車、化妝品、衣服、溪用釣竿都是，族繁不及備載。我們常會忘掉投資其實也是一種消費，因此我們也會用買休旅車或眼線筆一樣的習慣模式進行資本市場交易。

我們會培養出某種特定的投資模式或習性，甚至把自己分類為「積極型」或「保守型」投資者。我們偏好某種投資項目

或方向，並容易受已知的資訊吸引，因為這會帶來更多的安全感。最著名的例子就是我們都喜歡買自家公司的股票（讓金融資本與人際資本同時增值），或在自己就業的相關領域進行投資。舉例來說，如果你在數位媒體公司上班，就更可能會買臉書或 Twitter 的股票。

此外，你會不自覺地趨向自己熟知的領域，這種常見的投資者行為叫做「本土偏好」（home bias）。不管是加拿大人、澳洲人、英國人、美國人與其他國家的人，都擁有不成比例的國內股票。這正是現成偏差的某種變形：我們會過份偏重眼前的選項，而忽略了比較難以見得的選擇。當現成偏差加劇時，就會成為稟賦效應，讓人過度偏好目前擁有的事物。如此一來，偏見越演越烈，對持有事物的喜愛不斷地加深，自然也就更難脫手了。

大部分人都不會去買自己不喜歡的東西，這很正常。我不會想去買牛仔外套或吸濕排汗的露露檸檬牌外套來「平衡」羊毛外套的數量。但是在投資領域裡，我們必須這麼做。投資的主要原則之一就是選擇差異大的商品，好讓投資組合平衡。事實上，投資商品之間的相似度要越小越好。當我們的投資類別越豐富，那些投資組合將更可靠、更能面對多方挑戰。

對任何投資者，甚至頂尖投資大亨來說，關係係數（correlation）永遠是最難解的習題。關係係數代表度量多項共變異數（covariance）的複雜標準，也是投資項目價格同步的

決定因素。

那為什麼要這麼麻煩呢？研究結果顯示，聰明地搭配多項低關聯性的投資組合能帶來穩當報酬，這對實際佈局而言，非常有幫助。成長多了、痛苦就少了。因此，我們不妨花點時間研究新的投資選項與其他現有商品間的關係。新的投資商品會讓現有組合增值嗎？花的成本值得嗎？現在的風險和之前一樣嗎？還是只是讓先前的風險加倍？

投資組合間的關係係數無法一眼明瞭。以數字來看的話，關係係數的範圍可在負值與正值之間遊走。當關係係數完全正相關時，兩資產價格連動性會非常高。甲前進，乙也前進。如果兩資產呈現負相關，甲前進，則乙後退。

關係係數與數學計算方式習習相關，也因此任何數學元素都可能影響其結果。舉例來說，計算的時間週期就相當重要。我們可以計算兩資產在數日、數週、數月、或數年間的關係係數。雖然這種計算方式相當獨斷，但是兩資產間是否有所關聯也確實與時間週期大大相關。再來，關係係數會隨著時間推移而改變，它並非恆久不動的狀態。股票、債券、房地產等資產之間的連動關係會隨著情況而改變。當市場波動較大時，連動性傾向增強，這也會是我們想要的結果。連動性有點像是個善變的朋友，你平常和他一起出去玩，但辦喪禮的時候他卻不會到場。

圖9-11顯示以連續三年為週期，用約四十年為單位進行

估算的（先前討論過的）四大資產類別間的平均關係係數。

圖9-11 四大資產類別間的平均關係係數

	大型企業股票	小型企業股票	低評級債券	高評級債券
大型企業股票	1.00			
小型企業股票	0.8	1.00		
低評級債券	0.57	0.54	1.0	
高評級債券	0.12	-0.03	0.33	1.0

當關係係數為1的時候，代表兩資產價格徹底連動。你可以想像一群候鳥成群結隊地完美劃過空中。當關係係數為0時，代表兩資產價格之間毫無關係。當松鼠在草原上奔跑時，牠的移動與上方的候鳥路徑毫無關係。獵人可以舉槍對準松鼠或候鳥，但無法一網打盡。而關係係數較低時，代表投資組合的佈局相當成功。

當然，圖9-11並不完整，因為它無法顯示事物在真實世界的移動方式。圖9-12雖然比較複雜，但是呈現出連動關係的範圍，而非單一數值。這讓我們更能有效管理投資預期目標。

圖9-12展示了大盤股與其他三種資產在連續三年間的關係係數變動範圍。你可以看到在平均關係係數間仍有相當廣大的可能落點範圍。在每條數值直線旁有長條矩形顯示其他三分之二的可能結果，以呈現「某種真實的情況」。我們也可以看

到，在連續三年期間，關係係數最高值與最低值不斷地反覆出現。大盤股與小盤股間的關係係數範圍相對較小，但大盤股與債券，特別是高評級債券間的關係係數則相對較高。

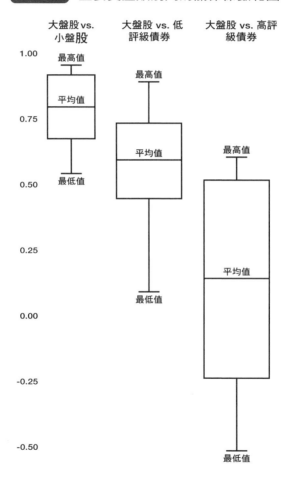

圖9-12 主要資產類別間的關係係數範圍

透過圖9-13的分析，我們可以看見落點範圍隨著時間的流轉而改變。你會發現關係係數絕非恆久不變。若你仔細觀察，1980與1990年時，高評級債券的直線明顯地在低（仍舊為正）關係係數範圍內大幅波動，但接著，在過去的十五年間裡，又進入另一個完全不同的變動模式之中。

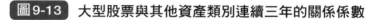

圖9-13 大型股票與其他資產類別連續三年的關係係數

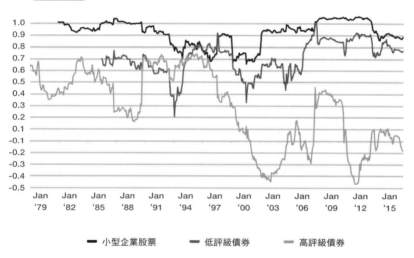

以上兩個圖表其實說明了：任何單一的投資關係係數表都不可靠。在龐大而令人迷惑的數據海洋之中，投資者真正想要的是什麼呢？

投資者想要的絕非純粹技術性的低關係係數，而是在經濟災難中表現出低關聯性的資產組合。我們真正想要的是可以在

景氣好時一路攀升、景氣低迷時仍舊能採取防衛態勢的投資商品。可惜的是,現實世界中根本沒有如此的投資組合,而且情況往往朝相反的方向奔去:在經濟災難中,投資組合的關係係數將有大幅連動上升,因為當經濟恐慌發生,投資者不分青紅皂白地傾銷時,流動性將大幅減低。目前為止,我們所目睹最真實的關係係數波動發生在2008年股災,當時多數資產與副資產商品以同樣迅速的態勢跌破低價。

最後,如果投資組合配置得當,這代表各資產不會以連動方式運動,這其實是很讓人不舒服的事。如果你真的擁有低關係係數的投資組合,這代表當多數投資項目穩健成長時,部分商品會毫無動靜。

關係係數正是分散投資的判斷基準,也是建立好的投資組合的合理工具。是很合理沒錯,但是也非常讓人頭痛。投資者多半認為自己需要擁有多元的投資組合,但是他們並不喜歡分散投資的感覺。分散投資和蔬菜很像,聽起來很健康,但讓人提不起勁來。真正的分散投資確實會讓你的投資組合裡存在著格格不入的商品。

就算是絕佳的投資商品,如果不適合整體配置的話,也毫無作用。無意中加深現有風險並以為自己置身安全境地,無疑是對投資組合所能作出最錯誤的安全性判斷。關係係數和報酬率一樣都會隨時上下波動,這讓我們很難確認投資組合項目間究竟是否合適。因此,能做到的只有學習理解以往投資結果的

落點範圍。

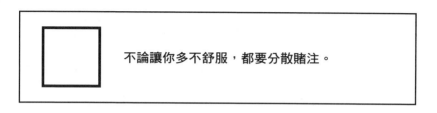

不論讓你多不舒服，都要分散賭注。

Tips4：彈性→自主投資或自動化投資？

第四個也是最後一個投資要素則是彈性。如果我們用很狹隘的方式來理解的話，彈性代表買賣某商品的困難度或容易度。如果去逛亞馬遜網站，我可以瞬間選好埃爾莫爾·倫納德（Elmore Leonard）的經典小說、付款，然後隔天就能拿到包裹。但如果我想要今天就賣掉房子，恐怕很難。如果太太和我想要領養小孩，就必須忍受痛苦、冗長的過程。但如果想要買晚餐的食材，當然可以立刻就去買，沒有任何問題。《矮子當道》（*Get Shorty*）小說和超級市場的買賣相當流動；但是房市和領養小孩的市場則相反。

現在大為流行的網路經紀公司，好比嘉信理財集團（Schwab）、富達投資（Fidelity）與億創理財（eTrade），他們會讓人以為投資不但便宜而且簡單。其實並非如此。投資的難易程度端看你投入的領域而定，有的輕鬆，有的相當複雜、充

滿挑戰。對專家而言，投資是關於買賣差價率（bid-ask spreads）、造市商和超級電腦的世界。債券的流動性由數個投入因子而定。

然而對大部分人來說，當他們談論流動性時，真正在意的其實是彈性。彈性代表可以改變策略的能力。如果我想移轉業務，可行嗎？我會被套牢嗎？如果會的話，代表情況很糟糕嗎？

想要朝全新方向移轉重心也與我們的本能有關，彈性代表控制，這也是所有人都深深重視的能力。我們追求不受拘束以及能全心全意追尋人生方向的自由，幾乎沒有人渴望受到限制。

沒錯，自適簡化的原則其實就建立在我們擁有能夠改變心意的能力之上。其實整個圓形就代表了我們有機會、能力與根本需求可以回應改變。自適簡化同時也要求我們按照計畫而行。然而，有多少人能夠同時保有彈性與自制能力呢？

另一個比較好的思考彈性的方式是問自己，「如果放棄這個選項，我會得到回報嗎？當放棄珍視的事物時，我相對得到的是什麼？」若以傳統的方式來看流動性，幾乎所有想投資私募股權、房地產、能源事業的資深投資者，每天都會問自己這個問題。這些財高望重的人想知道的是，如果把儲蓄多年的資本交予他人時，是否會比留在徹底流動的市場得到更多的收益？換句話說，他們想衡量期權與機會成本的交換關係。

這是普遍的金融常識，但是在此我希望提出更重要的問題，那就是缺乏「靈活性」（inflexibility）所獲得的行為補償。讓我們回想〈第七章〉提過的兩檔先鋒集團共同基金的例子，兩基金擁有完全相同的投資組合，但是結構不同。在其中一檔全權委託的基金裡，投資者可以保持最高的彈性，每日進行交易。但在另一檔退休帳戶的基金裡，設計者則置入了自動投資機制，投資者加入後無法隨機進行交易。在這兩種情況下，我們得到完全不同的行為結果。擁有較少靈活性的投資者獲得了較佳的投資結果。

現在讓我們再想像一個例子：假使你現在二十五歲，並打算投資一筆錢，這筆錢要直到六十五歲才能提用。這絕對不會是世界末日，當當資本累積超過四十年後，將提供極高的複合報酬率，你的投資紀錄很可能會打敗身邊所有人，甚至超越每天追蹤分析近期市場上下波動的投資專家。

在正方形的第四個直角裡，我想知道的是，為了讓資本不受阻礙地增長，你願意放棄多少控制權？我們當然可以遵守「決策基本模式」（decision protocols）確保自己獲得較好的長期投資結果。第一種情況是尤里西斯情境：先把你自己全身綑綁，讓自己動彈不得。這意味著你自忖當市場劇烈波動時，龐大的恐慌將迎面襲來，因此你希望選擇以不變應萬變的策略，面對市場大風大浪。你捨棄了酌處權；而另一種截然不同的方式是保有全部的彈性，並保持耐心與自制。這樣的好處是可以

隨時改變、適應，以符合當前判定的狀況。

　　事實上，所有在乎長期結果的當代投資者都應該要考慮不同程度的約定性（pre-commitment）策略。許多數據顯示，採用自動投資策略操作公司退休金的投資者們，長期下來都擁有較多儲蓄，並且享受較好的退休品質[10]。這種策略在熊市底下最為有效，因為你等同於在市場低點時自動進場投資。另一種方案稱作「目標期限」基金（target date funds），你可以先設下預定退休年份（好比2040年），然後該基金會開始進行完全自動化的數十年投資計畫。隨著時間的推移，自動化投資組合將從偏重股票轉移為偏重債券，重新平衡初始的動態資產配置。結論是，要先驗（a priori）地判斷該「留在市場」還是「趕快離開」是非常困難的，有很多投資者寧可犧牲控制權，換得更穩健的位置。

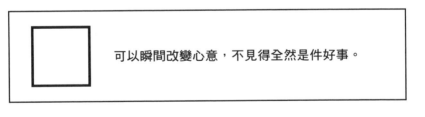

可以瞬間改變心意，不見得全然是件好事。

　　正方形的四個直角讓我們更有能力管理投資預期目標。當

我們更明白投資類別與概率時，我們就能懂得以更明晰的方式
問對的問題：

> **以我的資本來看，怎樣是合理的預期成長？**
  - ◆ 最高層級：準備好理解曾經有過的可能結果。
  - ◆ 最深層級：經過通膨調整後的「真實」數字，讓我們理
    解目前購買力能夠從市場「獲得」的商品。

> **我有辦法享受這些收益，還是投資波動造成的負面情緒將
  迫使我出售？**
  - ◆ 最高層級：準備好理解曾經有過的跌幅。
  - ◆ 最深層級：理解該資產類別的長期波動性。

> **當我在配置投資組合時，有符合分散風險的原則嗎？我是
  否有把看似反應遲緩或「不太正常」的商品，也加入自己的
  投資組合清單內了？**
  - ◆ 最高層級：準備好理解當市場風暴來襲時，關係係數也
    會隨之攀升。
  - ◆ 最深層級：理解不同投資類別項目進出投資組合時，所
    帶來的好處與壞處。

> **如果我想改變個別項目或投資組合佈局的話，有多困難呢？**
  - ◆ 最高層級：準備好理解「彈性」有如雙面刃。
  - ◆ 最深層級：別管了，這些討論太技術性了，理解自己，
    比理解流動性的技術更重要。

報酬率、彈性、關係係數與流動性，種種複雜的金融概念都會讓投資者的腦袋打結。因此，我們應該試著專注在幾個重要的概念上，並運用自適簡化能力，打造一個擁有經濟富足感的人生。

前往正方形的中心

看看正方形的其他部分，呈現了一片空白，這讓我們鬆了一口氣。不過這也是當我們邁入最後階段的實際景緻。

我希望先前的討論，能夠成為我們在設立與管理投資組合預期時的有效工具，特別是引導我們度過經濟危機。但是光是以理智與情感層面了解所有投資因素，仍舊無法成功。

我們還需要學習在制定合理計畫後，靜靜地等待。或者至少試著什麼都不做。當我們什麼都不做的時候，複利就會開始滾動。

我們往往不會想到，複利其實才是許多成功的傳奇故事裡，最安靜的主角。據傳，愛因斯坦曾說複利是宇宙間最強大的力量；傑佛瑞‧韋斯特（Geoffrey West）的暢銷著作《規模》（*Scale*）裡，縝密敘述了如何透過複利、指數增長（exponential growth）與非線性概念等觀點，理解大規模複雜性系統——城市、企業、人類身體、植物、金融市場等（如果概率讓你很痛苦，那不妨讀讀非線性系統[11]）。

複利是非常基本的數學概念——隨著時間的推動，不受干擾的事物會因本身的動力而快速增長。蒙格這麼解釋，「享受複利的第一原則，就是絕對不要隨便干涉。」其實這也應該是我們面對其他喜愛的事物（好比現金）時的原則。而對於我們排斥的事物，好比債務，負複利就是我們最該優先處理的問題。

　　圖9-14有兩個非常重要的關鍵點。假設我們拿出100美元，並且設定每年複利率為8％。首先要注意的就是，就算是個位數的增長，在一定的時間後，也會得到非常龐大的收益。在目前的這個例子中，二十五年後，100美元已經成長近七倍。我們可以用非常本能的「七二法則」來計算，在固定年複利率的狀況下，投資本金需要多久時間可以成長兩倍？我們以

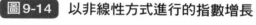

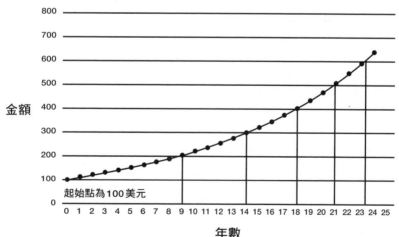

圖9-14　以非線性方式進行的指數增長

金額

起始點為100美元

年數

七十二除以複利率，將會得到本金雙倍成長所需要花費的大約時間。因此，在複利率8%的情況底下，我們需要近九年的時間，才可以得到雙倍的成長。

第二點可能更有趣：當成長加速時，原本事物擴張的規模也會加快。我在圖9-14中用直線標記出，投資成本再次翻倍的時間點。我們觀察到，每次本金翻倍所花費的時間依次減少。在每下一次的成長階段，增長後的數字將再次被加乘，因此成長的速度相當有機化。這就是指數增長。而指數增長以非線性的方式進行。

市面上有無數的書籍試圖剖析巴菲特如何致富。有些書的觀點還算有趣，但是如同部落格學者摩根・豪澤爾（Morgan Housel）所點出的，大部分的說法根本徹底忽略了人們真正能從巴菲特身上學到的一課：他出道很早，而且從那時候開始就讓複利率滾動自己積聚的財富[12]。豪澤爾在〈極小的本金〉一文中提出若干證明指出，任何人生中的偉大成就都是從微小的累積開始。

沒有多少人能從小學就開始學會投資、甚至到高中、大學、或二十歲都還沒開始的大有人在。但除了盡早出道以外，我們還有幾個不錯的方式可以達到成長目標，這些方法不但比其他方法好，而且就算從現在開始也不嫌晚。中國有句諺語這麼說的：種樹的最好時機有二個，一個是二十年前，另一個則是現在。

不過，複利絕非完美。要了解複利的運作其實非常困難。物理學家阿爾伯特・巴特勒（Albert Bartlett）曾經說過，「人類最大的缺陷就是無能理解指數函數。」指數增長聽起來或許很簡單，但是初始的成長實在微小到難以觀察，讓人以為成長根本處於停滯狀態。人類擅長線性思考，因此很難想像「極小的本金」可以成長到相當龐大的規模[13]。唯有當我們在多年後收到報酬時，當本金已經加速增長後，我們才真正能意會到指數的運作方式。

　　但是就算我們的腦袋能徹底理解複利的運作，我們還是會不時地扯自己的後腿，完全忘了複利的好處。我們邊投資、邊觀察、採取行動、學習、修正，然後這卻成了複利最大的阻礙。我們用自己的方式阻撓了原本希望達到的改變。我們總想強迫自己做點什麼，讓事情更好，或是純粹因為無法袖手旁觀。市場觀察家茨威格曾經說，「在99％的情況底下，投資者能做的最棒事情，就是什麼都不做[14]。」這意味我們得放下控制權，這點其實還滿難的吧。

　　投資中最困難的一項技術就是耐心，也就是實現斯多葛派的無為。不管是在我們的金錢生活中或是其他方面，能夠有耐心地面對緩緩到來的幸福，將帶給我們最大的成功。

　　史丹佛兒童初期發展學教授華特・米歇爾（Walter Mischel）曾經做過一系列精彩的研究，研究裡有些小孩表現出較好的自我控制能力，而有些小孩則相當沒有耐心。在「棉

花糖測試」（marshmallow test）裡，米歇爾告訴小朋友如果現在就吃掉棉花糖，等等就不會再有第二顆棉花糖了。有些小孩會乖乖地坐著，等待可以吃糖的指令，但也有些小孩會立刻把眼前的棉花糖吃掉。

米歇爾與其同僚追蹤了實驗中的小孩數十年之久。他們發現擁有較高自制能力的小孩們，在成年後也表現得較為優異，他們多半「體型較健康、擁有正面的自我價值感，以及用比較有效率的方式追隨自己的目標，並且較能輕鬆適應沮喪與壓力的狀況[15]。」

耐心很重要，而這也是人類一直不斷想克服的障礙。聖經中第一個關於人類的故事就是亞當與夏娃受不了誘惑而失敗的例子。在這個資訊爆炸、充滿令人分心事物的時代，所有的事情都以恐怖的速度增長，而聖經中的蘋果，也已經被 iPhone 給取代了。

就算我們可以遙見蘇斯博士說的那些地方，我們還是不知道要怎麼從這裡移動到那裡。擁有正確的心態很重要，但是要達到目標並沒有如此簡單。我們分身乏術，一方面想控制全局、主導一切，一方面又知道保留距離、讓穩健的計畫自行發展，會是比較有智慧的做法。我們也喜歡什麼都不做，但奇怪的是，要袖手旁觀還真需要一點遠見和意志力。什麼都不做等同於否認當下的誘惑。

~

　　我將在下一章解釋「什麼都不做」和「做點什麼」，這兩種心態間互相拉扯的張力。我相信所有和實務有關的書籍，特別是金融書籍，都喜歡在最後面來點總整理，許多作者喜歡加上工作列表或練習題給讀者，讓他們能夠好好整裝上路、面對未來的挑戰。

　　讓我們來打破這個習慣，走和別人相反的路，一起擁抱現實世界的混亂，接受事物真實的樣子。在旅途上，我們將發現自己的腳步會越來越躊躇、目的地比想像中的還要遙遠，行程會一再地受到阻撓，定睛一看，真正的敵人，其實是時間。

　　我們和時間的關係，或是更精準的說，我們和「現在」的關係，這個提問衍生出許多最震撼人心的哲學、心理學、經濟學與神經科學的偉大辯論。

　　人類擁有能夠穿越時空的內在感知能力，能隨意地時空旅行到過去（記憶）、現在，以及未來（想像）。我們是時空旅行者，並且總是不斷地檢視現在與未來的自己。我們必須理解這層張力，並在各種不同形式的表現上取得平衡：想要更多對比對現在感覺滿足、進步對比保存，以及成就對比享受當下，唯有當我們理解之後，才能真正抵達富有的終點。

第五部分

無形

短暫的終章

第十章

你抵達了！

在想要更多與知足之間找到平衡

對那些永不滿足的人來說，擁有什麼都還不夠。

——愛比克泰德（Epictetus）
斯多葛派哲學家

正念的奇蹟是，首先，你已在此。

——釋一行禪師（Thich Nhat Hanh）
佛教禪宗僧侶

夠了？還是要更多？

　　獲獎無數的電影《華爾街》（Wall Street）裡有一句惡名昭彰的台詞恰好反映了導演的核心命題，「貪婪是好的。」（Greed is good）。金融專家戈登・蓋可（Gordon Gekko）和上百名投資者這麼說，這不僅是他的豪語，也確實真有其意。這句話或許說明了蓋可生命中的美好事物，不僅是錢，還有藝術、愛情與知識等，都來自不斷地渴望更多，來自不斷地追求，他從未滿足於現狀，而電影中的泰德派普（Teldar Paper）公司的經理們則被他搞得七葷八素。

　　電影中另一個相當經典卻沒有那麼引人注目的片段，曾經為那句轟動的台詞做了預告。當時蓋可與他的門徒布德・福克斯（Bud Fox）正在激烈地辯論。福克斯才剛剛知道自己的天真讓蓋可有機可趁，自己不但被毀掉全家人的生活，蓋可還因此大發橫財。當時福克斯大聲地斥責原本的恩師。

　　福克斯：戈登，到底怎樣才夠？你要到什麼時候才可以放手？你擁有再多的遊艇後面也只能拖一台滑水板啊？到底要多少才算夠？

　　蓋可：小朋友，這跟擁有多少沒關係。這叫零和競賽，有人會輸，有人會贏。錢並沒有變多也沒有變少，它只是在移轉，從一個人的身上到另一個人的身上。像魔術一樣。

這兩幕場景定義了整部片的張力所在，而且也很好地詮釋了金錢的生活。想要更多，對比滿足。

　　蓋可應該是個想要更多的人之中的極端例子。作為華爾街的巨擘，蓋可的零和競賽哲學意思是，金錢不會去管誰輸誰贏。電影裡有一幕暗示蓋可彷彿在享樂的跑步機上奔跑（那一幕裡他真的在跑步機上，我立刻記下這個隱喻），他很享受那種瞬間爆發的痛苦或歡愉。當然，蓋可絕對不會是唯一這麼愛錢的人。我們每一個人都愛錢，多多少少。金錢提醒我們自身的價值以及社會地位。擁有的更多，特別是比別人更多，多少會帶來心理層面的意義。否認這個想法的人，恐怕有點天真[1]。

　　事實上，我們的價值觀應該都不會像蓋可，大部分的人會比較接近福克斯，滿懷抱負但是又在追求擁有更多與守護自己原本重視的事物間拉扯，我們在乎的不只是物質生活，更有對家人、團體的愛，以及其他層次的滿足。當福克斯讓自己的父親心碎時，那恐怕是他一生中最悲傷的時刻，這比任何他所擁有的派對動物般的生活享受都還重要。

　　在這本書裡我們把財富定義為對生活擁有經濟知足感，以及能獲得有意義人生的能力。這其實說明了知足的道理。亞里斯多德的充實幸福感與達賴喇嘛的快樂，以及自我感趨量表中的最高得分者，都擁有深層的滿足感——連結、控制、競爭力以及社會關聯，這些都是對現有感到滿足，並思索未來真正的需求後，進而定義出的人生目標。

足夠，聽起來很好。「聰明的智者不會為所缺少的哭泣，而會對已擁有的事物感到歡喜。」愛比克泰德這麼說；老子也曾說過，「故知足不辱，知止不殆，可以長久。」當然，歐普拉也這麼想，「感激你所擁有的一切，你必然還會擁有更多。如果只專注在自己無法擁有的事物上，那你永遠、永遠都不會感到滿足。」當然，我們每個人都曾經在低落時，思考自己到底擁有什麼，缺少什麼，並且感激自己擁有的一切。這帶給我們溫暖、滿足的感受。

　　但是要知足其實很難。這比要更多還難。我們的大腦演化與求生息息相關，我們自然地會想要更多。人類能夠存活並且成為萬物的主導者的主要原因，正是因為我們極具抱負與野心。我們能存活下來不僅僅是因為有能力驅趕危險與猛獸，最主要的，是能夠掌握機會。雖然知足不但重要，而且能讓我們獲得深刻的幸福感，但是它也讓人感到不安，因為這彷彿否認了某一部分的自己。而這的確也是事實。

　　這恰好描述了從職場上退休的人的心情。我們從工作轉換到退休，從積累財富（accumulation）轉換到提領（decumulation），這不僅僅是新的金融計劃，也是關於存在的重新追尋，我們必須面對生活目的的極大轉變。我們的目標從競爭、得勝與控制，轉換成接受與追求淡泊。雖然我們還是有退休派對與金錶，但研究似乎顯示退休後仍舊有著淡淡的悲傷感[2]。這只是代表我們本能地想要追求更多，還不懂得靜享人

生的一切美好。

　　其實在我們人生中的每個階段，都努力想獲得更多。我快要成功了。我們不妨看看茱麗葉·舒爾（Juliet Schor）撰寫的《過度消費的美國人》（*The Overspent American*），她在書裡提到一項1970至1990年間進行的調查發現，當美國人被問及「你覺得目前年收入要多少才能滿足一家四口的生活？」時，幾乎所有人的回答都是比當下的收入再高一點的金額。近期的調查更明確顯示，很少人認為光靠目前的收入可以過上幸福的生活[3]，如圖10-1。

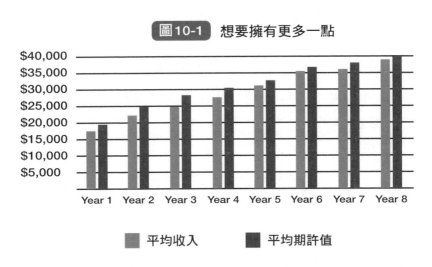

圖10-1　想要擁有更多一點

平均收入　　　平均期許值

　　不管在生命中的任何時刻，我們都必須確認自己想要什麼，作家杭特·湯普森（Hunter S. Thompson）曾經這麼描述，「我們是要隨著海浪漂浮，還是要奔泳迎向目標[4]？」我們的內

心其實兩個都想要，想要活在當下，想要珍惜眼前的一切，但是同時想要往前邁進，抵達那些最棒的地方。

一直在想要更多或是感到知足間尋求平衡，在進步與享受當下間游移、在奔泳與漂浮間選擇，這大概就是富有人生的最大課題。我們要如何才能取得平衡呢？這不簡單，當時間一點一滴地流動時，我們也越來越感覺到這個問題本身的重量。事實上，當我們明白想要更多或是感到知足兩者間的張力與負荷時，才會明瞭這不過是戰場的一角而已。

時間旅者：掌握關鍵的心智時間感

在想要更多與感到知足之間拉扯，其實也象徵了當下的自己與未來的自己之間的關係。所謂的我們，其實也隨著時間流轉不斷地在變化、適應，透過現在與未來的對話，以及如何相信現在的自己，如何想像未來的自己，種種形塑了自我。是啊，錢讓人迷惑，因為它的數學本質相當深邃，也會帶來許多情緒壓力。但除此之外，錢在某種程度上也像是一台時光機器，讓我們穿梭在不同的自我之間。而這不見得全然讓人感到舒服。

我們的內心穿梭在不同的時空之間。我們客觀體驗或深深思索後得到的幸福，都與如何看待未來的自己與過去的自己有關。猶太教學者赫希爾曾用非常美麗的詞句如此形容，「真實

的自我並沒有起點或是終點，而更像連結了不同年紀間記憶與期待的橋樑。每個瞬間都是歷史的延續。每個時刻都與過去與未來深深關聯，無法切割[5]。」我們，成為了自己。

這種穿梭於不同時間點的回憶與想像的能力，使我們超越了其他物種。任何生活在野外的動物都有察覺危險與機會的本能：獵豹會安安靜靜地觀察獵物，並且準備在完美的時間點衝向殺戮；瞪羚自然也知道獵豹正在打量牠，並且準備好在危險來臨的那一刻快速飛馳而去。而人類所擁有的展望未來的能力，讓我們的思考能夠超越當下。我們以非常複雜而全面的方式進行時間旅行，這點所有的動物都望塵莫及。正如同大部分資深心理學者所說的，我們不僅僅是智人（Homo sapiens，有智慧的人），更重要的，我們同樣也是未來人（Homo prospectus，未來的人種）[6]。

這種能在不同時間點穿越的想像，讓人類擁有強大的能力計劃未來。作家丹·福克（Dan Falk）精準地觀察到，「如果我們沒有想像未來的能力，人類的文明恐怕不會存在[7]。」確實，想像時空的能力創造了社會合作模式。在〈第四章〉裡我們曾經反覆討論與其他人建立連結的重要性。人類語言所創造出的獨特社交力，讓我們同時能規劃久遠的未來。我和朋友說好下週二早上十點在市區碰面，這聽起來沒什麼，但沒有任何其他動物可以安排這樣的約會呢！

關於時間的討論讓人迷惑。但在金錢的世界裡，這不是一

個很「左派」的話題，也沒有確實的語言航道足以讓話題精準運行。事實上，我們正不小心陷入了牽涉日常經濟生活的兩大領域——金融學與心理學，這兩類學科對時間的本質與影響，擁有截然不同，甚至可說是互相抵觸的看法。

金融學假定時間是線性的。一天就是一天，不多也不少。以五年為週期的時間，將與另一個以五年為週期的時間一樣長。時間的流逝擁有相同的本質，不管是現在或未來，我們都將以完全相同的方式感覺時間這個單位。

而心理學家無法接受這種想法，他們認為：人類所感受的時間是非線性並且波濤洶湧的。每一秒鐘或每一個十年的長度可無限延展與收縮。時間有其彈性。當我們遭遇悲慘的意外時，時間就像是被無限地拉長，而當我們變老的時候，時間卻又像是過得好快好快。有一句形容為人父母的話說得很好，「一天很漫長，但十年又很短暫。」這就是心智時間感（mind time）的不同，而當我們追求擁有經濟知足感的富有人生時，心智時間感就是必須掌握的關鍵之一。

傳統的金融計劃以非常線性的方式思考時間。我們將「目標」設定在未來的數年後。希望今天的決策，會為未來帶來良好的收穫。當我們達成目標（通常是可量化、可測量的結果）時，應該會感到開心。但事情當然不會盡如人意。

目前為止，「長期」是金融世界所創造出的最有力的時間概念。我們為「長期」目標配置投資組合。我們「買入並持有」，

或說「留在市場」（stay the course）。為了美好的將來，我們保持耐性，犧牲此刻。但問題來了，以心智時間感來看，長期是個很混淆的概念。實際一點來看，那可能根本不存在。我們擁有的，其實就是圍繞著不同情況與選擇而運行的一系列微小的時間單位。未來的陰影將一直籠罩在我們的金錢生活裡，但我們無法抵抗。我們是時間的旅行者，但不是最聰明的旅行者。

現在和未來的你

能夠自由地穿梭在現在與未來是我們最寶貴的能力之一，但這也會為幸福帶來或好或壞的影響。圖10-2簡單整理出了當想像不同時間點時，所帶來的好與壞的影響。

我們面對上述問題的態度，也與最終是否能達到經濟知足感有關。

圖10-2 現在和未來的好與壞

	現在	未來
好	活在當下	進步
壞	衝動	勞碌

• 現在的錢

短期來看，衝動不是件好事。「棉花糖測驗」將這個批評表現得很精準，我們必須抵抗瞬間的滿足。自制力和耐性的本質其實都有點虛無縹緲。在金錢的生活裡，當決策與結果延遲的時間過長，不免有點讓人困擾。想像你吃了一口多汁的起士漢堡，然後過了……三十年後，終於感受到它的美味。

因此，金錢的世界讓人感覺有點卡卡的。賺錢很辛苦、存錢很無聊，「長期」投資帶來排山倒海的壓力。只有一個例外，那就是：消費。只有消費和其他事情不一樣，它可以帶來瞬間的反饋。現金、刷卡或晶片讀取，消費是眼前的事。一項消費者研究指出，所謂的「消費療法」（retail therapy）正是這個意思。消費讓腦內釋放多巴胺，讓人瞬間擁有快感[8]。買東西就是讓人快樂。

雖然我們有能力可以看透時間，並想像未來的自己，不過當然還是有所限制。最特別的是，我們認定現在比未來重要，未來像是被打了折扣一樣。時間貼現（time discounting）來自演化本能。我們不會因為幻想待會兒會遇上更肥美的獵物[9]，而放過眼前的小動物。我們傾向活在當下，因為這是比較安全的選擇。

我們珍視現在，遠遠勝過未來。一項實證研究結果顯示，當我們為不同時間點進行選擇時，我們誇張地低估了未來的重要性[10]。我們對未來所得的價值評估迅速跌降，這就是為什麼

衝動讓人感到愉悅的原因。

而且，雙曲貼現（hyperbolic discounting），一種過分重視現在的偏誤，讓我們錯誤低估未來的快樂。哈佛心理學家丹·吉伯特（Dan Gilbert）曾說，「快樂不見得幸福」，那是因為我們對未來的快樂感到模糊[11]。我們望向未來，感到張手不見五指。人類非常不擅長「情感預測」，也就是說我們很難精準猜對自己對未來事件的情緒反應。原因在於我們的想像力並非特別強大，大腦只能對未來進行很朦朧的猜想。

因此，我們對自己未來的情緒，多半誤判其時間長短與情感強度。你可以大概猜出參加好朋友的生日派對或同事的喪禮哪個比較有趣。但是，很多原本以為會改變整個人生的單一事件，好比結婚、生小孩、生重病，其實並不會有我們預期的重量[12]。基本上，不管事情是好或壞，我們都會慢慢地接受它。我們渴望（或恐懼）的歡愉（或快樂），消逝地無比的快。

如果過分重視現在所帶來的壞處是衝動，那好處就是活在當下囉，活在此時此刻。在這個資訊爆炸紛雜的時刻，活在當下成為某種顯學[13]。在過去與未來之間，還有一個細緻、難以捉摸，需要仔細琢磨的現在。我相信沒有人會意外，近幾年西方社會竟然開始瘋狂流行靜坐與討論心智的力量。當我們面對如此龐大、需要被消化、被強迫吸收的資訊時，自然會開始渴望一種安靜的精神力量。

在我們的金錢生活裡，當下與耐性可說是一體的兩面。耐

性代表一種靜止，我們特意創造的無為的時刻。如果只是任性地停下腳步，那恐怕太過自滿；唯有透過謹慎的準備所進入的無為狀態，才符合謙虛的本質。真正的耐性是確實感受到你自己正活在此時此刻。這樣的認知不見得讓我們感到舒服。但也有可能為我們帶來開闊的感受。在本書中，我們一直努力要讓自己準備好能夠符合自適簡化的原則。

• 未來的錢

　　拒絕誘惑與延遲滿足感可能能帶來幸福，但這麼做也有其缺憾的一面。如果一心只想著未來也有可能會破壞對富有的追求。心理學家松嘉・柳邦爾斯基認為，人們對「幸福的錯誤想像」，來自一種「當我擁有_____時，我才會快樂」的假想心態。你可以在空格中填入任何想要的東西：財富、美貌、婚姻、成就等等。在金錢生活中，我們不斷地追問「時間」。好比我們在〈第五章〉中曾經深入討論的享樂遞減效應，就足以說明這種無盡追求背後的缺陷。

　　有些人用「數字」來計算自己的經濟目標，唯有當存款超過一定數字時，他們才可以不用繼續做不喜歡的事（多半是工作），然後盡情從事喜歡的活動。一直活在這種對未來的貧瘠空想中其實是不太健康的。腦海中不斷迴響的「目標數字」，以及不斷張望的態度，都會讓人對未來的經濟規劃產生誤判，並且挑戰大腦的本能習性。

過度計畫、過度沈迷於目標與「對」的選擇，以及一路朝目標奔馳而去的態度，很可能會讓未來的生活更不快樂。這就是當大腦同時把重心放在追求更多與望向以後，所帶來的負面影響。財富所帶來的最大難題就是我們確實希望可以得到更多，但是得到更多並不會更加快樂。

　　不過，我們可以用更有建設性的方式面對未來。我們可以先把目光放回當下，調整適應力與保持進步，將會是自我實現的重要步驟。人類擁有「先天發展傾向」，這代表我們會有意識地、刻意地追求進步[14]。心理學家海德特如此形容「進步原則」（progress principle），「當我們在追求目標時所獲得的滿足感，可能比達成目標時還要更巨大。我們用種種目標、希望與期許包圍自己，並為目標的達成與否感到快樂與痛苦[15]」。有很多時候，真正的快樂來自旅途本身，而非目的地[16]。

　　人如何改變，以及人對自己的改變保有多少的控制，似乎沒有個定論。十九世紀的哲學家尼采曾經直接了當地說，「存在就是一部空洞的小說」。他嘲笑「事物、物質性與永久性背後的虛假」[17]。哲學家可以如此鏗鏘有力，但是真正的重點仍舊在於如何追求一個更好的自己，甚至理解到懂得無常的狀態，也是人性的正面本質之一。相比之下，邱吉爾比尼采來得溫和許多，他說，「要進步，唯一的辦法就是改變；要達到完美，唯一的辦法則是不斷改變。」

改變，讓現在與未來的自己進行了一場帶有濃濃衡量意味的對話。關於這個問題，心理學家海爾‧赫斯福德（Hal Hershfield）與其同僚橫跨大腦科學、心理學與消費者研究的調查，帶給了我們不同的思索角度。舉例來說，赫斯福德的團隊發現，有些人很在意未來的自己，但也有些人將未來的自己視作陌生人。不同程度的時間貼現，帶來了不同的行為結果[18]。

在一項研究中，赫斯福德為受試者拍攝照片，再運用數位技術將該照片進行約數十年的「老化」效果[19]。他發現能夠對自己的虛擬老化照片產生較強烈反應的人，多半擁有較好的儲蓄習慣。如果你重視未來的自己勝過現在的自己，那麼自然會為未來的生活做出更好的打算。其他研究也發現，能夠對未來擁有更清晰想像的人，會做出更好的決定，而這不僅僅包含了儲蓄，還有犯罪、逃學、抽菸等被視為次優（suboptimal）的活動[20]。我們很少深思，要照顧好未來的自己，其實必須花費相當大的心力。

我們也可以用比較有建設性的方法思考未來報酬，以改善現在與未來的相對關係。許多研究發現，預期心理可以增強幸福感[21]。我們不僅活在分心的時代，也活在過度便利的世界。就像《巧克力冒險工廠》裡的梭特（Veruca Salt）一樣，「我們什麼都想要，而且現在就要。」對很多人來說，真的，想要什麼都不是問題。不過問題就在於人生中的快樂有時來自相當微妙的預期感，但亞馬遜公司讓我們瞬間得到所有東西。事實

上，延遲的消費能帶給我們正面的情感經驗，包括喜悅、淡淡的不確定感（這正是驚喜的原理）、對食物、飲料與藥物做出更好而非浮躁的判斷。實現管理預期的一個方式就是先付費，後使用[22]。雖然很多人對老套的「分期付款」方式有點意見，但是先付費、後使用，其實比現代信用卡世代所提倡的先使用、後付費，更能帶給人們充足的幸福感。

穩定步伐並享受人生吧！

試著練習一下：跳進游泳池裡，開始踩水，你能不能一邊在泳池中仰泳前進，一邊原地狗爬式？你不可能一邊游泳，一邊漂浮對吧？你不可能同時保持靜止，又同時往前移動。因此，我們很難同時追求享受當下，又同時保持進步。數千年的哲學思辨也不能解決關於本體的存在與未來的自我等問題。我想，我們能做的只是以自己的方式進行理解，並且找到合適的節奏，與未來進行對話。我希望這本書提供了一些語言讓我們可以思索，並且和朋友、父母、伴侶與孩子們討論人生。

哈佛心理學家吉伯特曾在他知名的 TED 演講裡說到，「人類是不斷改變的生物，但卻以為自己已經抵達終點。[23]」說得真好。真正懂得自適簡化的人會接受有些時候我們看自己真的很像在看陌生人，但這重新發現與重新定義的時刻也很讓人著迷吧。

仔細想想，金錢和我們每日的奮鬥息息相關，這讓人訝異，也確實讓人不安。如果你回想本書的最初，我提到很多我遇見的人都在不停地思索，「我接下來的生活會怎麼樣呢？」這個問題非常危險，就連最堅強的人很可能都會因此心虛軟弱，人類甚至發展出無數的語言與手勢好回答這個問題。但是這個問題確實無可迴避。

　　我想，不僅是你也包括我自己，都必須重新思考，怎樣的生活才算「好」呢？當我們的旅程從圓形、進入三角形、再到正方形時，我們等同重新思索人生的意義，那就是運用金錢獲得生命的幸福感。我希望讀者在這本書裡找到新的視角與工具，面對未來的挑戰。

　　但是，我們更可以接受蒙格的建議，將問題進行轉換，與其了解什麼是「好」的生活，為什麼不多花點時間了解「自己」？這才是時間最大的意義，我們應該學習透過自身生命觀看時間，並重新理解為什麼錢可以帶來快樂的生活，而真正的富有又是什麼意思？我們要怎麼過上富有的人生？當我們學會清楚思辨時間的意義後，就更可以連結現在所相信的自己，與未來即將成為的自己。我們真的已經不是在用傳統的觀點討論金融問題了。

　　很明顯的，本書運用了斯多葛學派的觀點詮釋金錢的生活，我們從認識論進入行動論，再由此進入思想層面。對我們而言，自我察覺與自我控制是最有幫助的兩把金鑰。為了更好

的融合思考與行動，自適簡化將會是最好的實踐工具，伴隨我們經歷所有的飄蕩。自適簡化不但擁抱活在當下與追求進步兩者間的歧異，甚至從中獲取能量。

我們的生命必當充滿了好奇、憂傷、喜悅與痛苦。唯有接受現實，才能懂得理解，有了理解以後，我們才懂得控制，才能學習找到平衡與節奏。時間將不斷地拉扯我們，但我們終究才是主導者。就像本書最開始，引用歌德所寫過的句子「莫急莫休」一樣，他描繪的不僅是每日的生活，更是生命的節奏。

穩定步伐，並且享受人生吧！

精彩摘錄

　　我們的世界就像是無止盡地內容產出鏈，也因此本書作者準備好了很實用的結論。這本書包含了許多非常重要的基礎概念，而他將在此列出許多不一樣層次的總結。

推特版結論

　　真正的富有是擁有經濟知足感。任何擁有正確觀念與正確計畫的人，都可以過上有意義的人生。

雞尾酒派對版結論

　　錢可以買到幸福嗎？這個永恆的問題指向了有錢與富有之間的根本差異。有人追求的是錢，有人追求的是經濟知足感。不管是當代神經科學或是古老的哲人都解釋了：無盡地追求更多，只會加深慾望。同時，任何擁有正確觀念與計畫的人，都有能力過上有意義的生活。《財富的幾何學》一書中，

呈現了達到此目標的三個步驟，我們討論了適應、決定次序與簡化，那代表給自己的目標更有彈性的解釋、選擇正確的策略，以及堅持對的決定。三個最簡單的形狀：圓形、三角形與正方形，協助我們了解上述步驟的細節。

圖形化結論

目的　　　　　　　決定次序　　　　　　　策略

段落／章節結論

• 引言：關於三種幾何圖形的故事

金錢要如何為生命帶來快樂？我們可以用三個基本的形狀——圓形、三角形、正方形，巧妙而精準地解答這問題。這三個形狀恰好可以代表一個人如何設定目的、決定次序，並作出好的結論。最終，當人們仔細地斟酌生命的目的與實踐的意義後，無論現在擁有多少財富，他都可以擁有有意義的人生。

成形：當我們設立好目標，懂得穩健成長，並保有財富的時刻。

● 第一章：群體性孤獨

金錢的生活：賺錢、花錢、存錢與投資，這一切都相當複雜，不僅挑戰我們的能力，也讓我們的情緒波動起伏。人們將面臨三種挑戰。首先，由於保險金制度已然崩毀，儘管大眾的金融知識相當薄弱，我們仍必須負起投資與控制金錢生活的重要任務。再來，人類大腦的知覺與情緒偏見很容易誤導我們做出錯誤的金融決定。最後，長期資本市場的走壞與就業市場的快速變動，讓我們比先前的世代擁有較少犯錯的空間。

● 第二章：自適簡化

人類大腦的本能與邏輯能力，讓我們很擅長解決問題。我們應當運用此專長，建立正確觀念，解決〈第一章〉所討論的當代經濟挑戰。綜觀自適簡化的意涵，它驅動我們從一開始的圓形、移動到三角形，最終來到正方形。自適簡化是達到富有的重要關鍵，代表擁有正確的態度與能夠達成目標的計畫方式。好在，即便我們天生的性格與種種的生活現實可能阻礙了成功的道路，但只要我們準備得宜，就能夠控制未來的結果。

圓形：在此階段我們思考如何以有彈性的方式，
定義自己的目的，獲得財富與幸福。

• 第三章：你可以去的地方

不管是當代或是古代的思想家都以二元的方式解釋幸福。從一方面來看，日常的、非常當下的體驗式幸福決定了我們的心情。如果知道大腦如何運作的話，即可理解體驗式幸福對人類幸福感的重要性。從另一方面來看，反思性幸福，也就是希臘哲學家稱呼的充實幸福感，則與「美好」和「有意義」等價值觀有所關聯。唯有瞭解其中的區別後，我們才能同時追尋人生的財富與意義。

• 第四章：什麼最重要？

要過上有意義的人生，也就是對生活擁有經濟知足感，需要四大條件。首先是連結。人類本是社交動物，會一直尋求歸屬感。再來是控制，它驅動了決心與自我定義。第三，則是競爭，我們需要有價值的工作或專業。最後，社會連結則代表獲得超越自身生命的永恆意義。如何滿足上述四大條件得靠個人的尋覓與追尋。然而，我們所有人都會面臨生活中的起伏跌宕，圓形代表了一種可以對人生進行調適的彈性能力。

• 第五章：錢，可以買到幸福嗎？

錢買得到幸福嗎？可能可以，也可能不可以。當我們的收入超過一定標準後，日常生活的心情多半和錢無關，但是充實幸福感仍然會因為經濟收入的上升而獲得滿足。這背後有三個與大腦邏輯息息相關的原因。首先，我們會很快地適應生活中的舒適感。幾乎每個人或多或少都受心理學家所描述的「享樂跑步機」的影響。再來，雖然錢不能有效帶來幸福感，但卻可以輕易地減緩憂傷，這解釋了為什麼富有的人雖然沒有比較快樂，但確實擁有較少的憂傷感受。最後，當人們懂得消費的時候，等同重新撰寫了有意義人生的四大條件。如果懂得方法，我們確實可以「買到」幸福的意義。

 三角形：決定優先次序，組織金錢的生活。

• 第六章：決定優先次序

我們將想法付諸行動，從設立目標進入實踐目標，三角形讓我們練習為金錢生活設立好優先次序。當建立好目標階層後，才能夠專注於重要的挑戰，撇除令人分心的事物。首要任務是排除潛在的損失，穩渡任何經濟風暴。我們必須懂得「減少錯誤」的意義。再來，必須清算資產與負債。唯有當資產與

負債保持平衡時，生活才有可能穩定。當達成上述目標後，最後的階段則是懂得在追求渴望的目標之際，學會感激與慷慨，這將會為你帶來深刻的滿足感。

• 第七章：做出明確決定

三角形也解釋了要達成好的投資結果的三個主要因素。首先是投資者行為，這是最主要的關鍵。人類大腦的邏輯往往讓我們做出糟糕的經濟決定，其影響可以由小至深。最顯著的例子就是當市場衰退，投資者們出於恐慌傾售，並在價格低點時錯過進場時機。第二個要素則是我們的整體投資組合，最佳的組合來自針對市場區塊進行分散投資。而最後，那些吸睛並讓人血脈賁張的熱門股票、基金與債券，其實是成功的投資裡最不重要的環節。

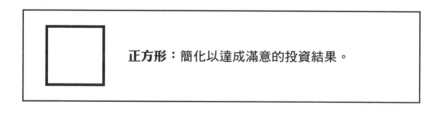

正方形：簡化以達成滿意的投資結果。

• 第八章：灰色地帶

為了排除大腦先天的偏頗觀點，並建立正確的決策判斷模式，本章討論影響我們感知與面對世界的兩大重要核心：類別與概率。投資的世界充滿了語言學障礙，很少人能夠真正釐清

龐雜的語彙和經濟學邏輯。「這是什麼？」聽起來是個很簡單的問題，但其實不然，它提醒了我們面對龐大複雜的系統與概念時，應保有的態度。此外，大腦喜愛確定性，這讓我們無法以概率的觀點進行判奪。也因此，投資者必須努力學習以概率的觀點管理預期目標。我們必須學著問，「機會有多少？」雖然這聽起來好像很玄，但是為了達到自適簡化，坦白地釐清投資類別與機會，正是避免失敗的關鍵。

• 第九章：正方形的四個直角

正方形代表對投資結果的合理預期。因為人類往往傾向避免損失，勝於得到利益，因此我們將目標改正為減少後悔，而非將利益極大化。在此必須考慮四大要素。首先，確認預期成長。接著是理解為了達到成長而必須經歷的情緒痛苦。再來，確認新投資項目是否符合現有的投資組合。最後，彈性代表對任何決策擁有轉換心意的空間。當我們思考任何投資決策前，都必須審視這四大要素。

無形：學習理解時間正是擁有財富的最重要關鍵。

• 第十章：你抵達了

　　人類最大的優勢在於我們能穿越記憶與想像，遊走在不同的時間裡。而這特殊的創造力自然有其缺點。其中之一就是無法享受當下（活在此刻，而不是停留在過去或未知的以後），無法感受真實的快樂。在金錢的生活裡，無法享受當下也造成了「想要更多」與「感受知足」，兩種感受成為互相拉扯的張力。這兩種感受都是人類求生最重要而有效的本能反應。可惜的是，它們往往互相抵觸。如何在想要更多與知足間找到美妙的平衡？在擁抱進步與享受當下中找到著力點，正是擁有富有生活的核心關鍵。

致謝

　　寫書的經驗很有趣。你得花好幾年的時間才能把最散漫的想法精煉成文字，這包含了無數埋頭苦寫的寂寞時光，有時不免懷疑自己的書寫是否有存在的必要，有時又懷疑根本沒有人會花時間閱讀。但是當你快要完成時，大腦會自動切換為謝天模式，你想起無數支持你，願意給你溫暖的朋友。真的，既然花了許多時間撰寫一本關於美好生活的工具書，我最好得好好感謝所有人給我的支持，即便書寫是一段非常個人的旅程。

　　我特別想感謝幾位朋友。Jim Jessup 與 Emma Simon 從頭到尾陪伴、給予鼓勵和建議，整本書都有他們紅筆訂正的痕跡。我非常感激他們的幫忙。同樣的，感謝幾位願意給本書初稿批評的朋友：Marla Commons、Corey Hoffstein、Phil Huber、Jake McCabe 與 Chris Schelling。

　　還有許多人對本書或我的喃喃自語提供了一些想法，感謝這旅途上的許多人，Andrew Beer、Christine Benz、Rob、Marianne Bloomberg、Doug Bond、Doug Bottaro、Eliot Bu、Allen Carter、Liz Christian、Daniel Crosby、Phil Dunn、Joey

Fishman、Tom Franco、JC Gabel、Tom Goldstein、Marc Gould、Joe Green、Lawrence Hamtil、Ben Happ、Doug Hintlian、Josh Kantrow、John Kenny、Jeff Knupp、Georgie Lowe、Mike Mastromarino、Ross Mishkin、Karen Moon、Joe Norton、Chuck Peruchini、Beneen Ibrahim Prendiville、Gabriel Presler、Josh Rogers、Bill Rukeyser、Wayne Safro、Jeryl Salmond、Bob Seawright、Ted Seides、Nandan Shah、Andrew Smith、Mike Smith、Leah Spiro 與 Jason Wright。

　　沒有 Barry Mandinach 的教導，就不會有這本書，我的事業生涯也會截然不同。自從數年前一起在福特斯投資管理公司喝第一杯咖啡時開始，他就讓我知道仁慈以及協助對的人完成工作的可貴。非常感謝福特斯公司裡 George Aylward 的領導，他給我機會撰寫與發表個人在行為經濟學領域的思索，並分享給無數的金融顧問與客戶，他創造了非常包容的環境，讓我能完成此書。

　　如我預期，Harriman House 的出版團隊給我一切的鼓勵與協助，Craig Pearce、Kate Boswell 與 Sally Tickner，和我一起把本書帶到你們眼前。除了出版社以外，Fauzia Burke 更是我信賴多年的寫作顧問，非常感謝她的幫助。Shannon Belmont 設計了本書所有的圖表。感謝她忍耐我無盡地要求與改圖。

　　我猜（希望啦）這會是我最後一本關於金錢的書。因此，我希望能感謝我專業生涯上的明燈，有些人或許永遠也不可能

遇到，以下名字以字母順序排列：Peter Bernstein、Jack Bogle、Charley Ellis、Daniel Kahneman、Howard Marks、Joe Mansueto、Charlie Munger、Don Phillips、Carl Richards 與 Jason Zweig。他們都是我在金融管理領域上的啟發。我對自適簡化的思考其實也來自近二十年來不斷閱讀或觀察上述專家們後，所得到的感想。我也必須感謝金融 Twitter 世界裡的部落客與播客（podcasters），我每天都從他們身上學到很多，當然也感謝他們偶爾跟我一起喝啤酒、講廢話。FinTwit 是非常特別的體驗。

我還特別想謝謝我太太的家人 Don 與 Judi Bleich，以及我的嫂嫂 Amy Bleich Heugel 多年來給我的愛，以及（偶爾帶點擔憂的）笑容。我的姊姊 Cheryl 從小就給我很多啟發，她可能從來沒感覺到吧。謝謝爸爸、媽媽用自己的方式給我支持與鼓勵。

我想將最深的感謝獻給太太與三個小孩。Tracy 是我所認識過最有愛又最懂得感激的人，她讓我希望自己每天都可以變得更好。我希望未來可以與她和三個可愛的小孩 Ben、Zach 與 Sarah，擁有美好的生活，我心中充滿了感謝。她們四個人讓我懂得真正富有的人生。

注釋

第一章　群體性孤獨：盤點我們面對的三大財務挑戰

1. Katie Hafner，〈研究者所面臨的孤獨時代〉（*Researchers Confront an Epidemic of Loneliness*），《紐約時報》，2016年9月5號。

2. 根據 Ernst 與 Young 的報導指出，73％的退休計畫都遭到喊停或暫時終止，bit.ly/2FtkTOt。韋萊韜悅顧問諮詢公司（Towers Watson）的報告指出，2013年年底的資料顯示，在《財富》（*Fortunes*）雜誌評選出的前五百大企業裡，僅有一百一十八間企業為新進員工提供至少任一形式的退休金計畫保障，而在十五年前，約有兩百九十九間公司（60％）願意提供退休基金。如果想要更進一步了解如何面臨退休危機，可參考 Charles D. Ellis、Alicia Haydock Munnell 與 Andrew Eschtruth 所著的《短缺：迎面而來的退休危機與解決之道》（*Falling Short: The Coming Retirement Crisis and What to Do about It*），牛津大學出版社，2014年。

3. 就業福利研究中心（Employee Benefit Research）所作〈2017年退休信心報告〉（*Retirement Confidence Survey*），bit.ly/2nK0cYv。

4. 同上。

5. Chris Taylor，〈最後的禁忌：為什麼沒有人談錢？〉（*The Last*

Taboo: Why nobody talks about money），reuters.com，2014年3月7日。

6. Daniel Crosby，〈為什麼我們討厭談錢？〉（*Why Do We Hate to Talk About Money？*），2016年5月13日，bit.ly/2F2rQs1。

7. Magali Rheault，〈美國人最大的經濟隱憂為缺錢〉（*Lack of Money tops list of Americans' financial worries*），蓋洛普調查，2011年7月22日。

8. Joan D. Atwood，〈伴侶與錢：最後的禁忌〉（*Couples and Money: The Last Taboo*），《美國家庭治療期刊》，40（1），2012年。

9 Ron Lieber，《教養好小孩》（*The Opposite of Spoiled*），哈波·柯林斯出版，2015年。

10. 正確解答為A／C／非。Olivia Mitchel以及Anna Maria Lusardi設計了此測驗，以「理解大部分的人是否具備能夠做出正確決策的基礎金融知識」。他們發現即便是已開發國家中的高等教育分子，仍普遍欠缺金融知識，bit.ly/2BOreUI。

11. Carl Richards，《行為落差：用最簡單的方法避免犯下經濟錯誤》（*The Behavior Gap: Simple Ways to Stop Doing Dumb Things with Money*），智庫出版（Portfolio），2012年。

12. 美國投資公司協會（Investment Company Institute），《年報》（*Fact Book*），2016年。

13. Martin Ford，《機器人崛起：勞動真空未來的科技與威脅》（*Rise of the Robots: Technology and the Threat of a Jobless Future*），貝斯克出版（Basic Book），2015年；Michael Chui、James Manyika與Mehdi Miremadi所寫〈機器取代人類的能與不能〉（*Where Machines Can Replace Humans - And Where They Can't (Yet)*），《麥肯錫季刊》（*The*

McKinsey Quarterly），2016年7月；David Ignatius，〈機器人的美麗新世界以及失業〉（*The Brave New World of Robots and Lost Jobs*），《華盛頓郵報》，2016年4月11日；Alec Ross，《未來工業群》（*The Industries of the Future*），席蒙修斯特出版（Simon & Schuster），2016年；Jaron Lanier，《誰擁有未來？》，席蒙修斯特出版，2013年。

14. 麥肯錫全球研究中心（McKinsey Global Institute），〈未來工作的數位化〉（*The Digital Future of Work*），2017年7月。

15. Martin Ford，《機器人崛起：勞動真空未來的科技與威脅》。

16. 約瑟夫・熊彼得，《資本主義、社會主義與民主》（*Capitalism, Socialism and Democracy*），哈珀常青出版（Harper Perennial），1942年；Lawrence Hamtil，〈沒有破壞就沒有創造〉（*You Can't Have Creation Without the Destruction*），2016年3月31日，bit.ly/2EQh2xV。

17. Neal Gabler，〈美國中產階級難以言說的恥辱〉（*The Secret Shame of Middle-Class Americans*），《大西洋月刊》（*The Atlantic*），2016年5月。

18. Maggie McGrath，〈百分之六十三的美國人無法負擔五百元的急診費用〉（*63% of Americans Don't Have Enough to Cover a $500 Emergency*），2016年1月，forbes.com。

19. 麥肯錫全球研究中心，〈收益遞減：為什麼投資者必須降低預期心理〉（*Diminishing Returns: Why Investors May Need to Lower Their Expectations*），麥肯錫公司，2016年。

20. 自1980年至2015年間，巴克萊美國綜合債券指數（Barclays Aggregate Bond Index）每年報酬率為7.8%。若要研究長期資本市

場表現，請參考Elroy Dimson、Paul Marsh與Mike Staunton所著《樂觀主義者的勝利：全球投資回報的百年歷史》(*Triumph of the Optimists: 101 Years of Global Investment Returns*)，普林斯頓大學出版，2002年。另請參考Elroy Dimson、Paul Marsh與Mike Staunton所寫〈低回報率的世界〉(*The Low-Return World*)，《瑞士信貸全球投資回報年鑑》(*Credit Suisse global investment-returns yearbook*)，2013年。

21. 可見諾貝爾獎得主 Robert Shiller 之報告，www.multpl.com/shiller-pe。2018年上半年全球最大投資公司先鋒集團 (Vanguard Group) 執行長 Tim Buckley 表示，以較為平衡的60／40股票與債券投資組合比例為準，未來十年內將可獲得每年約4%，或4.5%的回報率，bit.ly/2DJAuM4。

22. 可見 David Rolley 所寫〈機構投資者的過度膨脹回報預期〉(*Institutional Investor Return Expectations Could Be Overinflated*)，法盛投資管理公司 (Natixis Investment Managers)，bit.ly/2FXGJtI；以及 Lisa Abramowicz 所寫〈對退休金而言，百分之五堪比百分之八〉(*5% Is the New 8% for Pension Funds*)，《彭博商業周刊》(*Bloomberg Businessweek*)，2017年8月2日。

23. 請見本書作者所著《投資者的矛盾：在選擇飽和的世界保持簡單的力量》(*The Investor's Paradox: The Power of Simplicity in a World of Overwhelming Choice*)，聖馬丁出版社 (St. Martin's Press)，2014年。

第二章　自適簡化：我們的大腦如何解決金錢問題？

1. 提摩西・威爾森（Timothy Wilson），《佛洛伊德的近視眼——潛意識適應法如何影響我們的生活》（*Strangers to Ourselves: Discovering the Adaptive Unconscious*），貝爾納普出版社（Belknap Press），2004年。

2. 康納曼，《快思慢想》，法勒、施特勞斯和吉魯出版社（Farrar, Straus and Giroux），2011年。

3. 康納曼，《快思慢想》，p.106。

4. 如果希望更了解系統一與系統二之間的分別，請參考 Lisa Feldman Barrett 所著《情緒如何產生：大腦的祕密生活》（*How Emotions Are Made: The Secret Life of the Brain*），霍頓・米夫林・哈考特（Houghton Mifflin Harcourt），2017年。

5. Roy F. Baumeister、John Tierney 所著《意志力：重探人類最深層的力量》（*Willpower: Rediscovering the Greatest Human Strength*），企鵝出版，2011年。

6. 丹・艾瑞里，《可預期的不理性：人類決策後的驅力》（*Predictably Irrational: The Hidden Forces That Shape Our Decisions*），哈波柯林斯出版（Harper Collins），2009年。

7. 康納曼，《快思慢想》，p.25。系統一與系統二的分歧點，正是「時間貼現」（temporal discounting）作用的時候。基本上我們的大腦喜歡處理眼前、發生在現下的事件。當事情發生的越久遠，就越難予以思索。

8. Annie Duke 在《像賭牌一樣思考：如何在資訊有限的情況下做出更明智的決定》（*Thinking in Bets: Making Smarter Decisions When You*

don't Have All the Facts）一書中，針對決策與結果，做了相當精彩的分析，智庫出版，2018年。

9. 松嘉‧柳邦爾斯基、K.M. Sheldon、D. Schkade所寫〈追求快樂：如何持續改變自我〉（*Pursuing Happiness: The Architecture of Sustainable Change*），《大眾心理學期刊》，2005年pp.111-131；K.Sheldon與松嘉所寫〈改變你的行動，而不是環境：永恆幸福法的實驗途徑〉（*Change Your Actions, Not Your Circumstance: An Experimental Test of the Sustainable Happiness Model*），收錄於A. K. Dutt與B. Radcliff編輯的《幸福、經濟與政治：全方位模式》（*Happiness, Economics, and Politics: Toward a Multi-Disciplinary Approach*），愛德華艾格出版（Edward Elgar），2009年，pp. 324-42。松嘉教授的研究對此書影響深遠，請參考《如何能幸福：以科學的方法達成人生所求》（*The How of Happiness: A Scientific Approach to Getting the Life You Want*），企鵝出版，2008年；以及《幸福的迷思：沒有如期帶來幸福的與不預期的幸福》（*The Myths of Happiness: What Should Make You Happy but Doesn't, What Shouldn't Make You Happy but Does*），企鵝出版，2013年。松嘉所討論的幸福三要件，源自社會心理學長久以來所關注的議題，請見Jonathan Haidt所著《幸福的假說：在古老的智慧裡找到現代生活的幸福》（*The Happiness Hypothesis: Finding Modern Truth in Ancient Wisdom*），特別參考p.90所提出的「幸福要素」的概念。

10. 松嘉，《如何能幸福：以科學的方法達成人生所求》。

11. 請對照松嘉所著《如何能幸福：以科學的方法達成人生所求》以及David Epstein所著《運動基因：超級運動表現背後的科學》（*The Sports Gene: Inside the Science of Extraordinary Athletic*

Performance），企鵝出版，2013年。

12. 松嘉，《如何能幸福：以科學的方法達成人生所求》，p.55。

13. 海德特，《正義的頭腦：為什麼好人會被政治與宗教撕裂》（*The Righteous Mind: Why Good People Are Divided by Politics and Religion*），維特吉出版（Vintage），2012年。

14. 松嘉，〈好壞經驗的享樂適應〉（*Hedonic Adaptation to Positive and Negative Experiences*），收錄於 Susan Folkman 編輯的《壓力、健康與處理問題的牛津手冊》，牛津大學出版，2011年，pp. 200-224；Timothy D. Wilson、Daniel T. Gilbert 所寫〈解釋：情感適應模型〉（*Explaining Away: A Model of Affective Adaptation*），2008年；《心理科學觀察》（*Perspectives on Psychological Science 3: 370-86*）；Jane Ebert、Daniel T. Gilbert 與 Timothy D. Wilson 所寫〈預測和回溯：預測事件對未來的影響〉（*Forecasting and Backcasting: Predicting the Impact of Events on the Future*），《消費者研究季刊》（*Journal of Consumer Research 36*）；Sarit A. Golub、Daniel T. Gilbert 與 Timothy D. Wilson 所寫〈預測煩惱：負面預期的成本與效益〉（*Anticipating One's Troubles: The Costs and Benefits of Negative Expectations*），2009年，《情緒》（*Emotion 9 (2): 277-81*）；松嘉，《如何能幸福：以科學的方法達成人生所求》，p.41 ff。

15. 松嘉，《如何能幸福：以科學的方法達成人生所求》。

16. Edward Deci 與 Richard 所寫，〈決心〉（*Self-Determination*），《國際社會與行為科學百科》（*International Encyclopedia of the Social & Behavioral Sciences*），2015年（21），二版，pp.486-91。上述學者認為人類擁有「先天發展傾向」（innate developmental tendency），我們的心智有意識的趨向成長與前進，p.486。

17. Karl Marx 與 Daniel De Leon 所著《路易‧波拿巴的霧月十八日》(*The Eighteenth Brumaire of Louis Bonaparte*)，國際出版 (International Pub. Co.)，1898年。

18. Kathryn Schult，〈渣男〉(*Pond Scum*)，《紐約客》，2015年10月19日。

19. 松嘉，《如何能幸福：以科學的方法達成人生所求》，p.67。

20. 松嘉，《如何能幸福：以科學的方法達成人生所求》。松嘉，《幸福的迷思：沒有如期帶來幸福的與不預期的幸福》。請見 Rosamund Stone Zander 所著《通往可能的路徑：轉變我們與自己、他人與世界的關係》(*Pathways to Possibility: Transforming Our Relationship with Ourselves, Each Other, and the World*)，企鵝出版，2016年；Brene Brown 所著《勇敢的荒野：尋求真正的歸屬和敢於獨立的勇氣》(*Braving the Wilderness: The Quest for True Belonging and the Courage to Stand Alone*)，羅登出版社 (Random House)，2017年；Ed Diener 與 Robert Biswas-Diener 所著《幸福：解開心靈財富的祕密》(*Happiness: Unlocking the Mysteries of Psychological Wealth*)，貝洛克威爾出版 (Blackwell)，2008年。

21. 提摩西‧威爾森，《重新定位：改變我們生來的故事》(*Redirect: Changing the Stories We Live By*)，利特爾布朗與朋友的出版社 (Little, Brown and Company)，2011年，p.66。

22. 提摩西‧威爾森，《重新定位：改變我們生來的故事》。

23. Anthony Bastardi 與 Eldar Shafir 所寫〈無用資訊的追求與誤用〉(*On the Pursuit and Misuse of Useless Information*)，《人格與社會心理學期刊》(*Journal of Personality and Social Psychology 1998, 75(1): 19-32*)，1998年；Gerd Gigerenzer，《本能反應：潛意識的智慧》(*Gut Feelings: The Intelligence of the Unconscious*)，企鵝出版，2007年；

Ron Friedman所寫〈為什麼越多的資訊讓你越不能做決定〉（*Why Too Much Data Disables Your Decision Making*），《當代心理學》（*Psychology Today*），2012年12月4日；Bob Nease所寫〈太多的資訊如何破壞我們的創造力與決策〉（*How Too Much Data Can Hurt Our Productivity and Decision-Making*），《快公司》（*Fast Company*），2016年6月16日。

24. Loran Nordgren與Ap Dijksterhuis所寫，〈惡魔藏在思考裡：思考過度會降低判斷的一致性〉（*The Devil Is in the Deliberation: Thinking Too Much Reduces Preference Consistency*），《消費者研究季刊》（*Journal of Consumer Research, Vol. 36, No. 1*），2009年6月，pp.39-46。

25. 松嘉與Lee Ross，〈選擇、拒絕與排除的吸引力變化：快樂與不快樂之人的差別〉（*Changes in Attractiveness of Elected, Rejected, and Precluded Alternatives: A Comparison of Happy and Unhappy Individuals*），《人格與社會心理學期刊》，1999年；Elizabeth Dunn、Daniel Gilbert與Timothy Wilson所寫，〈如果有錢不能讓你快樂，那可能是你花錢的方式不對〉（*If Money Doesn't Make You Happy, Then You Probably Aren't Spending It Right*），2011年，《消費者心理學季刊》（*Journal of Consumer Psychology 21: 115-25*）。

26. 松嘉等所著《追求快樂：如何持續改變自我》。

第三章　你可以去的地方：堆疊出美麗人生的科學線索

1. 請見usat.ly/2sQdAOl。

2. Richard M. Ryan與Edward L. Deci所寫〈論幸福與人類可能：快樂

與幸福感綜述〉（*A Review of Research on Hedonic and Eudaimonic Well-Being*），2001年，《心理學年鑑》（*Annual Review of Psychology, 52: 141-66*）；Luke Wayne Henderson與Tess Knight所寫〈整合享樂主義與幸福觀點，以便更為了解人類充實發展之意涵〉（*Integrating the hedonic and eudaimonic perspectives to more comprehensively understand wellbeing and pathways to wellbeing*），2012年，《健康人生國際期刊》（*International Journal of Wellbeing 2(3) 196-221*）

3. 亞里士多德，《尼各馬科倫理學》，1098a13。

4. 塔莉・沙羅，《樂觀偏見：非理性的正向大腦之旅》（*The Optimism Bias: A Tour of the Irrationally Positive Brain*），萬神殿出版社（Pantheon），2011年，p.76。

5. 引自Ed Diener等所寫〈個人的幸福：三十年來的進展〉（*Subjective Well-Being: Three Decades of Progress*），《心理學公報》（*Psychological Bulletin 125(2): 276-302*），1999年。

6. 除了本書引用的關於幸福科學的書籍以外，還可參考Tal Ben-Shahar所著《選擇想要的人生：創造讓自己通往幸福的道路》（*Choose the Life You Want: 101 Ways to Create Your Own Road to Happiness*），實驗出版（Experiment），2012年；Tal Ben-Shahar，《更快樂：懂得日常的快樂與永恆的滿足感》（*Happier: Learn the Secrets to Daily Joy and Lasting Fulfillment*），麥格羅希爾出版（McGraw-Hill），2007年；Daniel T. Gilbert，《被幸福牽絆》（*Stumbling on Happiness*），諾博夫出版（Knopf），2006年；Rick Hanson，《重解幸福：滿足，平靜和自信的新腦科學》（*Hardwiring Happiness: The New Brain Science of Contentment, Calm, and Confidence*），和諧出版（Harmony），2013年；Stefan Klein，《幸福

的科學：大腦如何讓我們快樂，以及我們如何讓自己更快樂》（*The Science of Happiness: How Our Brains Make Us Happy-and What We Can Do to Get Happier*》，馬洛出版（Marlowe），2006年；Richard Layard，《幸福》（*Happiness*），企鵝出版，2005年；Raj Rahunathan，《為何聰明不等同於快樂》（*If You're So Smart, Why Aren't You Happy*），集合出版，2016年；賽里格曼，《榮景：對幸福與充實人生的新觀點》（*Flourish: A Visionary New Understanding of Happiness and Well-being*），自由新聞社（Free Press），2011年；Emma Seppala，《幸福路徑：如何運用幸福的科學加速成功的腳步》（*The Happiness Track: How to Apply the Science of Happiness to Accelerate Your Success*），哈波柯林斯出版，2016年。

第四章　什麼最重要？追求財富前必須釐清的人生課題

1. 達賴喇嘛與屠圖所著《最後一次相遇，我們只談喜悅》，企鵝文化，2016年，pp. 29-30。
2. 塞巴斯蒂安・蒙格（Sebastian Unger），《部落：歸鄉與歸屬》（*Tribe: On Homecoming and Belonging*），十二出版（Twelve），2016年。
3. 馬修・利伯曼，《社會：為什麼我們的大腦希望連結》，克洛出版（Crown），2013年，p.9。
4. Hugo Mercier 與 Dan Sperber 所著《理性之謎》（*The Enigma of Reason*），哈佛大學出版，2017年。
5. 請見 Ichiro Kawachi 與 Lisa F. Berkman 調查〈社會連結與心理健康〉（*Social Ties and Mental Health*），2001年，《都市健康期刊》（*Journal of Urban Health*），78(3): 458-67。

6. 提摩西・威爾森，《重新定位：改變我們生來的故事》，p.49。

7. Ruth Whipman，《他人即幸福》（*Happiness is other people*），《紐約時報》，2017年10月27日。

8. 德耐與賽里格曼所寫〈超快樂的人〉（*Very Happy People*），《心理學科學》（*Psychological Science13(1): 81-4*），2002年。

9. John Cacioppo，《寂寞：人性以及社交需求》（*Loneliness: Human Nature and the Need for Social Connection*），諾頓出版公司（W.W. Norton and Company），2008年。另可參考 Gillian Matthews 等所寫〈社會孤立與中縫背核之關聯〉（*Dorsal Raphe Dopamine Neurons Represent the Experience of Social Isolation*），2016年，Cell 164: 617-31。

10. Katie Hafner，〈研究者所面臨的孤獨時代〉，《紐約時報》，2016年9月5號。

11. Ichiro Kawachi 與 Lisa F. Berkman 調查，《社會連結與心理健康》；Dhruv Khullar，〈社會孤立如何殺死我們〉（*How Social Isolation Is Killing Us*），《紐約時報》，2016年12月22號；Jacqueline Olds 與 Richard S. Schwartz 所著《寂寞美國人：二十一世紀的分離》（*The Lonely American: Drifting Apart in the Twenty-First Century*），畢肯出版（Beacon Press），2009年。

12. Robert D. Putnam，《單人保齡球：美國社群的崩壞與振興》（*Bowling Alone: The Collapse and Revival of American Community*），席蒙修斯特出版，2000年。

13. 葛蘭，《道德群體：他者與我們的情緒、邏輯與分裂》（*Moral Tribes: Emotion, Reason, and the Gap Between Us and Them*），企鵝出版，2014年。

14. 哈拉里，《智人：人類簡史》（*Sapiens: A Brief History of Humankind*），哈波柯林斯出版（Harper Collins），2015年，p.171。

15. 伯林，〈自由的兩種概念〉（*Two Concepts of Liberty*），《論自由四章》（*Four Essays On Liberty*），牛津大學出版，1969年。

16. Maarten Vansteenkiste、Willy Lens所寫，2006年，〈自我決定理論的內在與外在目標內容〉（*Intrinsic Versus Extrinsic Goal Contents in Self-Determination Theory*），《教育心理學專刊》（*Educational psychologist 41(1): 19-31*），

17. 羅蘭・英格哈爾所寫，2008年，〈發展、自由與提高幸福感的全球性報告〉（*Development, Freedom, and Rising Happiness A Global Perspective 1981-2007*），《心理科學觀察》，3(4): 264-285；Esteban Ortiz-Ospina 與 Max Roser，2017年，《幸福與人生滿足感》（*Happiness and Life Satisfaction*），ourworldindata.org/ happiness-and-life-satisfaction。

18. Erich Fromm，《逃離自由》（*Escape from Freedom*），企鵝出版，1941年。

19. 法蘭柯，《人類所追求的意義》，畢肯出版，2006年（1946年初版）；索忍尼辛，《古拉格群島》，哈維爾出版（The Harvill Press），2003年（1973年初版）；史托迪爾，〈戰火下的勇氣：愛比克泰德的試煉〉（*Courage Under Fire: Testing Epictetus*），1993年11月15號，倫敦國王大學演講《人類行為實驗之法》（*Doctrines in a Laboratory of Human Behavior*）講綱，hvr.co/1PURTQb。

20. 〈能夠選擇如何述說自己故事的人——可以掌握自己的人生、擁有自己所選擇的目標和能夠朝著自己所屬目標邁進，這些人會比其他人更為快樂〉；《重新定位》，p.69。

21. Roy F. Baumeister、John Tierney 所著《意志力：重探人類最深層的力量》；康納曼，《快思慢想》，p.41。

22. 索里、霍曼（E. Holman）、史利佛（Alison Silver）與柯恩（Roxane Cohen）所寫〈那些殺不死我們的：累積生命週期的逆境、脆弱和恢復能力〉（*Cumulative Lifetime Adversity, Vulnerability, and Resilience*），《人格與社會心理學期刊》，99（6），2010年12月，pp. 1025-41；索里，〈彈性：人生艱險中的一絲曙光〉（*Resilience: A Silver Lining to Experiencing Adverse Life Events*），《心理科學當前趨勢》（*Current Directions in Psychological Science*），2011年12月，pp. 390-4。

23. Farah Stockman，〈鋼鐵工業解放了雪儂，結果她搬去墨西哥〉（*Being a Steelworker Liberated Her. Then Her Job Moved to Mexico*），2017年10月14日。

24. 泰克爾，《工作：讓我們來談談我們每天做了什麼而又感覺了什麼》（*People Talk About What They Do All Day and How They Feel About What They Do*），新出版（New Press），1977年。

25. 引自丹尼爾·品客所著《動力：究竟是什麼推動了我們？》，源流出版（Riverhead Books），2011年，p.109。

26. 請見《動力》，參考作者的相關研究。

27. Edward Deci 與 Richard，〈決心〉，2015年。

28. 德維克，《自我的理論：動機、人格與發展的形成》（*Self-Theories: Their Role in Motivation, Personality, and Development*），心理學出版社（Psychology Press），2000年，p.41。

29. 引自艾倫·肯洛區（Aaron Crouch），〈馬丁路德的最後演說〉（*Martin Luther King's Last Speech*），基督科學箴言報（*Christian Science*

Monitor），2011年，4月4日，bit.ly/2EZMrxd。

30. 賽里格曼，《榮景：對幸福與充實人生的新觀點》，p.12。請同時參考《動力》書中引用 Mihaly Csikszentmihalyi 所說的，「如果人不能感覺到自己其實屬於更偉大或更永恆的事物的一部分，他將質疑人生是否圓滿。」p.142。

31. 赫希爾，《上帝正在尋覓我們》（*God in Search of Man*），法勒、施特勞斯和吉魯出版社，p.162。

32. 海德特，〈道德心理學的新協同作用〉（*The New Synthesis in Moral Psychology*），2007年，《科學》，316，p.1001。

33. 道金斯，《自私的基因：四十週年紀念版》（*The Selfish Gene: 40th Anniversary Edition*），牛津大學出版，2016年；David Sloan Wilson 所著《利他主義存在嗎？文化、基因與他人的福利》（*Does Altruism Exist? Culture, Genes, and the Welfare of Others*），耶魯大學出版，2015年；賽里格曼，《繁榮》，p.22-3。

34. 布朗，《勇敢的荒野》（*Braving the Wilderness*）。

第五章　錢，可以買到幸福嗎？是，或許不是，看情況吧

1. 請見 Max Roser 與 Esteban Ortiz-Ospina 的研究報告〈全球赤貧〉（*Global Extreme Poverty*），bit.ly/2FvAe3E；以及安格斯‧迪頓（Angus Deaton）所撰寫的〈全球收入、健康與幸福狀態：蓋洛普世界調查的發現〉（*Income, Health, and Well Being around the World: Evidence from the Gallup World Poll*），2008年，《經濟學視角》（*Journal of Economic Perspectives 22(2): 53-72*）。

2. 若對預期壽命（life expectancy）的研究數據有興趣的話，不妨參考

維基百科 en.wikipedia.org/ wiki/Life_expectancy。

3. 關於此說法，專家的觀點似乎相當歧異。請見迪頓所著《大逃亡：健康、財富與不平等的起源》(*The Great Escape: Health, Wealth, and the Origins of Inequality*)，普林斯頓大學出版社，2015年；史蒂芬・賓克（Steven Pinker），《現在的啟示：理性、科學、人文和進步的案例》(*Enlightenment Now: The Case for Reason, Science, Humanism, and Progress*)，維京出版社，2018年；Matt Ridley，《理性的樂觀主義者：繁榮如何演變？》(*The Rational Optimist: How Prosperity Evolves*)，哈珀常青出版，2010年；哈拉里（Yuval Harari），《智人：人類簡史》。如果讀者對剝奪自由等議題有興趣，可參考 Amartya Sen 所著《發展即自由》(*Development as Freedom*)，諾博夫出版，1999年。

4. 康納曼與迪頓所撰寫的〈高所得提升生活品質，但不代表與健康的情緒狀態有所關聯〉(*High Income Improves Evaluation of Life but Not Emotional Well-Being*)，2010年，PNAS 107-38: 16489-93。

5. 數十年來，許多學者都針對總體經濟數據、特別是國內生產總值與個人幸福指數之間的關係進行研究，請參考2017年經濟合作暨發展組織（OECD）所提出的報告〈我們的生活好嗎？〉(*How's Life*)，bit.ly/1Oo1mzM。其他重要的相關研究包括 Esteban Ortiz-Ospina 與 Max Roser 所寫的〈幸福與生活滿意度〉，bit.ly/2FgdV2x，2018年；Ed Diener 與 Robert Biswas-Diener 所著《幸福：解開心靈財富的祕密》，bit.ly/2FgdV2x，貝洛克威爾出版，2008年；Ed Diener 與賽里格曼所寫〈超越財富：幸福的新經濟〉(*Beyond Money: Toward an Economy of Well- Being*)，《公眾福祉心理學期刊》(*Psychological Science in the Public Interest 5(1): 1-31*)。關於此議題

的文學經典著作則請參考保羅・大衛（Paul A. David）與瑪爾文・雷德（Melvin W. Reder）所著《國家與家庭的經濟成長》（*Nations and Households in Economic Growth*）中所引用的理查德・伊斯特林（Richard Easterlin）文章〈經濟增長能否改善人力資源──經驗分析說明〉（*Does Economic Growth Improve the Human Lot? Some Empirical Evidence*），美國學術出版社（Academic Press），1974年。

6. 請參考康納曼與迪頓所寫〈高所得提升生活品質，但不代表與健康的情緒狀態有所關聯〉。

7. 兩人的實驗以三種狀態歸類情緒──正面感受（好心情）、憂鬱感受（悲傷）與壓力，並稱之為「情緒幸福程度」（emotional well-being）。

8. 海德利・康特爾（Hadley Cantril），《人類關心的模式》（*The Pattern of Human Concerns*），羅格斯大學出版（Rutgers University Press），1966年。

9. Betsey Stevenson 與 Justin Wolfers，2008年，〈經濟成長與與主觀式幸福：重新思考伊斯特林矛盾〉（*Economic Growth and Subjective Well-Being: Reassessing the Easterlin Paradox*），39(1)。

10. 松嘉，《追求快樂：如何持續改變自我》，p.37。

11. Philip Brickman、Dan Coates 與 Ronnie Janoff-Bulman，〈樂透得主與意外受害者：幸福是相對的嗎？〉（*Lottery Winners and Accident Victims: Is Happiness Relative?*），1978年，《人格與社會心理學期刊》，36 (8): 917-927。

12. Maria Vultaggio，〈人生、宇宙與其他──霍金的十六則啟發名言〉（*16 Inspirational Stephen Hawking Quotes About Life, the Universe, and More*），《新聞週刊》，2008年3月14日，bit. ly/2q9GQM7。

13. 海德特，《幸福的假說》，p.86。

14. Kostadin Kushlev、Elizabeth W. Dunn 與 Richard E. Lucas，2015年，〈高收入者確實擁有較低的日常悲傷感，但卻並沒有擁有更多的幸福感〉(*Higher Income Is Associated with Less Daily Sadness but not More Daily Happiness*)，《社會心理學與人格科學期刊》(*Social Psychological and Personality Science*) 6 (5), p. 483。

15. Kostadin Kushlev、Elizabeth W. Dunn 與 Richard E. Lucas，《高收入者》(*Higher Income*)。

16. 關於經濟貧困者自覺較難掌控生活境況的研究請見 Wendy Johnson 與 Robert F. Kreuger 的研究〈金錢如何買到幸福：基因、生活環境控制與經濟和生活滿足感之關聯〉(*How Money Buys Happiness: Genetic and Environmental Processes Linking Finances and Life Satisfaction 90(4): 680-91*)，2006年，《人格與社會心理學期刊》；Michael W. Kraus、Paul K. Piff 與 Dacher Keltner 所寫〈社會階級、控制桿與社會詮釋〉(*Social Class, Sense of Control, and Social Explanation*)，2009年，《人格與社會心理學期刊》97(6): 992-1004。關於自我認知的控制感與悲傷間的關聯，請見 Albert Bandura 所寫〈自我效能感：整體性理論與行為改變的可能〉(*Self-Efficacy: Toward a Unifying Theory of Behavioral Change*)，1972年，《心理學評論》(*Psychological Review 84(2): 191-215*)；Ira Roseman、A. Antoniou 與 P. Jose 所寫〈情緒評價的決定因素：構建一個更為準確、全面的理論〉(*Appraisal Determinants of Emotions: Constructing a More Accurate and Comprehensive Theory 10: 241-77*)，1996年，《知覺與情緒學刊》(*Cognition & Emotion*)。關於自我感知控制和快樂之間的脫節，請見 Roseman 等人的研究，1996

年。總體而言，金錢對悲傷感的影響強過幸福感。

17. Elizabeth Dunn、Daniel Gilbert與Timothy Wilson，《如果有錢不能讓你快樂，那可能是你花錢的方式不對》，p.115。

18. Elizabeth Dunn與Michael Norton，《快樂的錢：快樂消費的科學》（*Happy Money: The Science of Happier Spending*），席蒙修斯特出版，2013年，請見首章；Leaf Van Boven與Thomas Gilovich所寫〈要體驗還是要擁有？這才是問題的所在〉（*To Do or To Have? That Is the Question*），2003年，《人格與社會心理學期刊》85(6): 1193-202；Carl Richards所寫〈更多的錢、更多的成就，更多的消費？不要對幸福索求無度〉（*More Money, More Success, More Stuff? Don't Count on More Happiness*），《紐約時報》，2016年7月2日。另請參考Leonardo Nicolao、Julie R. Irwin與Joseph K. Goodman所寫〈幸福的程度：體驗型態的購物能比物質型態的購物為消費者帶來更多快樂嗎？〉（*Happiness for Scale: Do Experiential Purchases Make Consumers Happier than Material Purchases?*），2009年，《消費者研究期刊》（*Journal of Consumer Research 36: 188-98*）。文章論點認為，體驗形式消費能比商品帶來更正面的結果。但是在不好的情況下，體驗式消費也可能帶給消費者比實際商品更糟糕的感受。他們建議消費者用更緩慢的方式體會消費式經驗，讓幸福感或失落感能夠來得較為緩慢。

19. Thomas DeLeire與Ariel Kalil調查發現有幾項活動方式更與幸福感有密切關聯。請見〈我們能透過消費買到幸福嗎──以美國為研究範本〉（*Does consumption buy happiness? Evidence from the United States*），2010年，《國際經濟研究期刊》（*International Review of Economics 57(2): 163-76*）。

20. 松嘉,《好壞經驗的享樂適應》。

21. 根據松嘉的論點,「增加或延長幸福感的關鍵在於透過活動有意識地付出後,正面的適應過程將因此延緩或更有包容性。我們的假設是這些活動共有幾個屬性,可以有效地阻止適應過程:動態的、事件性的、新奇的,並且需要花費心力的。」上述引言請見 sonjalyubomirsky.com。

22. Richard Thaler 與 Eric Johnson 所寫〈賭上房地產卻入不敷出:風險選擇前的影響〉(*Gambling with House Money and Trying to Break Even: The Effects of Prior Outcomes on Risky Choice*),1990年,《管理科學期刊》(*Management Science 36(6): 643-60*);〈中斷消費:享樂經驗的斷裂適應〉(*Interrupted Consumption: Disrupting Adaptation to Hedonic Experiences*),2008年,《市場研究期刊》(*Journal of Marketing Research 45(6): 654-64*)。

23. 德耐等所寫〈掌握幸福的正面與負面影響關鍵在於其頻率而非強度〉(*Happiness Is the Frequency, Not the Intensity, of Positive Versus Negative Affect*),F. Strack 與 M. Argyle, & N 等編著《主觀幸福感:跨學科視角》(*Subjective Well-Being: An Interdisciplinary Perspective*),佩加蒙出版(Pergamon),1991年,pp. 119-39;Elizabeth Dunn 與 Michael Norton 所著《快樂的錢:快樂消費的科學》。

24. 大部分的成年人將體驗式消費視為更具自我認同意義,甚於物質性消費。我們通常會將體驗與自我做連結,而非產品,真正重要的是我們「做」了什麼,而不是「擁有」什麼。請見 Leaf Van Boven 與 Thomas Gilovich 所著《要體驗還是要擁有?這才是問題的所在》。

25. 因此,部分心理學家贊成購買能夠加強個人經驗值的產品,好比更

好的衝浪板、越野單車、釣魚竿或西洋棋鐘等。

26. Elizabeth Dunn 與 Michael Norton 所著《快樂的錢：快樂消費的科學》，第五章。

27. 同上。

28. 德耐與賽里格曼所著《超快樂的人》。

29. Elizabeth Dunn、Michael Norton 與 Lara Ankin 所寫〈為別人花錢能帶來幸福〉(*Spending Money on Others Promotes Happiness*)，2008年，《科學期刊》(*Science 319 (5870)*)，pp. 1687-8。

30. Tim Kasser 與 Kennon M. Sheldon 所寫〈充裕時間所帶來的個人幸福感與企業道德實踐：以四項研究經驗實證為例〉(*Time Affluence as a Path toward Personal Happiness and Ethical Business Practice: Empirical Evidence from Four Studies*)，2009年，《企業道德期刊》(*Journal of Business Ethics 84(2): 243-55*)；Kennon M 與 Tim Kasser 所寫〈心理威脅與外在目標追求〉(*Psychological Threat and Extrinsic Goal Pursuit*)，2008年，《動機與情緒》(*Motivation and Emotion 32: 37-45*)。

31. Hal Hershfield、Cassie Mogilner 與 Uri Barnea 所寫，〈選擇擁有更多時間而非金錢的人，往往更為幸福〉(*People Who Choose Time Over Money Are Happier*)，2016年，《人格與社會心理學期刊》，7（7）：697-706。

32. 沒時間也有可能造成感官滿載、壓力感上升等狀況，讓我們無法活在當下。請見 Kirk Warren Brown 與 Richard M. Ryan 所寫〈活在當下的好處：正念及其對心理健康的作用〉(*The Benefits of Being Present: Mindfulness and Its Role in Psychological Well-Being*)，2003年，《人格與社會心理學期刊》84(4): 822-848。能夠活在當下的人

才能體會生活的「流動」，那是一種徹底融入而忘掉時間與空間感的心理狀態，讓人似乎身處在「飄渺的境界」。能夠感受流動感的人，似乎才能擁有極度深層的幸福。請見 Mihaly Csikszentmihalyi 所著《流動：樂觀經驗心理學》(*Flow: The Psychology of Optimal Experience*)，哈潑洛出版 (Harper & Row)，1990 年。

33. Emily Badger，〈貧窮如何為大腦帶來負擔〉(*How Poverty Taxes the Brain*)，citylab.com，2013 年 8 月 29 日。

第六章　決定優先次序：脫貧致富的三大基礎策略

1. en.wikipedia.org/wiki/Pascal's_Wager。

2. Roy F. Baumeister 等所寫〈痛苦比快樂來得真實〉(*Bad is Stronger Than Good*)，2001 年，《大眾心理學評論》(*Review of General Psychology 5: 323-70*)。

3. Carl Richards，〈克服損失規避〉(*Overcoming an Aversion to Loss*)，《紐約時報》，2013 年 12 月 9 日。

4. 風險與報酬的論點啟發自霍華‧馬克斯 (Howard Marks) 的著作。請見《投資最重要的事》(*The Most Important Thing Illuminated*)，哥倫比亞商學院出版 (Columbia Business School Press)，2013 年。

5. 比爾‧卡莫迪 (Bill Carmody)，〈為什麼96%的公司會在十年內倒閉〉(*Why 96 Percent of Businesses Fail Within 10 Years*)，inc.com，2015 年 8 月 12 日。

6. 馬克斯，《投資最重要的事》。另見彼得‧伯恩斯坦 (Peter Bernstein)，《馴服風險》(*Against the Gods: The Remarkable Story of Risk*)，威利出版 (Wiley)，1996 年。

7. 艾利斯,《投資終極戰》,1975年,《金融分析師期刊》(*Financial Analyst Journal 31(4): 19-26*)。

8. Natixis,〈2016年全球投資戶調查報告〉(*2016 Global Survey of Individual Investors*),bit. ly/2IdVEjZ。

9. Daniel Goldstein、Hal Hershfiel、Shlomo Benartzi,〈財富的幻覺與破滅〉(*The Illusion of Wealth and Its Reversal*),2015年,《消費者研究進程》(*Advances in Consumer Research 43*)。如果我們把退休金想像成一筆大數目(比如100萬),而非持續的一筆進帳時(每月3,300元),所產生的財富幻覺會更強烈。

10. 將資產轉為收入往往需要專業協助。

11. Jordi Quoidbach、Daniel T. Gilbert、Timothy D. Wilson所寫〈歷史幻象的終結〉(*The End of History of Illusion*),2013年,《科學期刊》(*Science 339*),pp. 96-8。

12. 埃蒙斯,《謝謝!為什麼表達感謝可以讓自己更快樂》(*Thanks! How Practicing Gratitude Can Make You Happier*),2007年;埃蒙斯與麥可庫倫(M. McCullough),〈衡量好運與承擔:關於日常感激程度與主觀幸福感的實驗調查〉(*Counting Blessings Versus Burdens: An Experimental Investigation of Gratitude and Subjective Well-Being in Daily Life*),2003年,《人格與社會心理學期刊》,84: 377-89。

13. 埃蒙斯,《謝謝!為什麼表達感謝可以讓自己更快樂》,pp. 4-5。

第七章　做出明確決定:打造投資組合的三把金鑰

1. 班傑明‧葛拉漢在他的知名著作《智慧型股票投資人》(*The Intelligent Investor*)中也同樣寫道,「投資者最大的問題,甚至說他

面對的最強大的敵人，就是自己。」茨威格的論點可見於此，
jasonzweig.com/from-the-archives-daniel-kahneman。

2. 引自傑森・凡斯（Jason Voss）所寫〈金融調解員如何克服金融行為偏誤〉（How Mediators Can Overcome Behavioral Finance Bias），《專業投資》（*Enterprising Investor*），特許金融師機構（CFA Institute），fa.is/2opEZC1。

3. 〈投資者行為定量分析〉（*Quantitative Analysis of Investor Behavior*），2016年，投資行為研究公司（DALBAR, Inc），www.dalbar.com。該研究使用美國投資公司協會（Investment Company Institute）提供的數據計算投資者平均股權。投資者報酬率（investor returns）則以總共同基金資產扣除銷售、贖回與交易成本。這種計算方法可以精準反應已變現或未變現的資本收益、股息、利息、交易成本、銷售費用、其他費用與支出。當我們以美元為單位計算出消費者報酬率後，再以兩個百分比計算該週期的總投資者報酬率和年度投資者回報率（annualized investor return rate）。透過計算投資者美元報酬率所佔銷售、贖回與交易的淨比率，計算出總投資者報酬率。該二十年週期的最末結算日期為2015年12月31日。

4. 若以更精確的語言來講，這裡計算的是平均每美元，而非平均每投資者。但為求清晰明瞭，我們可用投資者作為討論主角。

5. 以2018年1月28日作為計算基準。

6. 在此以2016年4月3日 morningstar.com 所提供的數據進行比較。當我在撰寫本書時，該網站已修改所得數據，因此無法更新第一組基金的投資者回收率。

7. Alessandra Malito，〈諾貝爾得獎者理查・泰勒的退休帳戶可能已經多了296億美金了〉（*Nobel Prize Winner Richard Thaler May Have*

Added $29.6 Billion to Retirement Account），MarketWatch.com，
2018年1月6日。

8. 湯姆斯・史丹利（Thomas Stanley）與威廉・丹寇（William Danko）
所著《原來有錢人都這麼做》，盧斯塔出版（Rosetta Books），2010
年。

9. 布列森、Randolph Hood、Gilbert L. Beebower所寫〈投資組合的決
定關鍵〉（*Determinants of Portfolio Performance*），《金融分析期刊》
（*Financial Analysts Journal 42(4): 39-44*）。

10. Roger G. Ibbotson與Paul D. Kaplan所寫，〈資產配置政策是否可解
釋 40/ 90/ 100 的投資表現〉（*Does Asset Allocation Policy Explain 40,
90, or 100 Percent of Performance*），2000年，《金融分析期刊》，56
（1）：26-33。

11. Michael Mauboussin、Dan Callahan與Darius Majd所寫〈尋找輕鬆
的賽局〉（*Looking for Easy Game*），瑞士信貸集團（Credit Suisse），
2017年1月4日。

12. 有越來越高的股票市場活動來自超級電腦的演算法運作，那些全球
最頂尖的金融專家、數學家與電腦專家們，寫出了難以匹敵的軟
體。請參考 Joshua M. Brown所寫〈你的競爭對象〉（*Who Are You
Competing With?*）www.thereformedbroker.com，2017年3月6號。

13. 若以五年的時間作為研究單位，約有84％的大盤股票經理、77％
的中盤股票經理與90％的小盤股票經理都遠落在自己的基準後方。
若以十年作為觀察週期，上述表現則依序為82％、88％及88％。
其他相關數據請見標準普爾道瓊斯指數（S&P Dow Jones Indices）
發表的美國標普指數（SPIVA U.S. Scorecard），bit.ly/2FsoNGq。

第八章　灰色地帶：突破複雜金融賽局的障礙

1. 當時塞麥爾維斯博士的說法受到強烈抨擊，醫界人士認為他根本無中生有。當時不管是塞麥爾維斯博士或是其他醫師，沒有任何人知道細菌的存在，更別提病菌原理或與疾病的關係，這些說法一直要到該世紀末期才慢慢湧現。當時他的許多同僚拒絕洗手（他們認為這讓自己看起來失去專業度）。而強烈拒絕新證據或新知識的態度，也被稱為「塞麥爾維斯反射」（Semmelweis Reflex）。

2. Donald A. Norman，《與複雜共存》（*Living with Complexity*），麻省理工出版，2010年。

3. 華萊斯，〈這是水〉（*This is Water*），bit.ly/1g1U1QY。

4. 萊考夫，〈女人、火焰以及危險的事物：如何分類可以洞悉我們的頭腦〉（*Women, Fire, and Dangerous Things: What Categories Reveal About the Mind*），芝加哥大學出版，1987年，p.5。

5. 塔雷伯，《隨機漫步的傻瓜：發現市場和人生中的隱藏機遇》（*Fooled By Randomness: The Hidden Role of Chance in Life and in the Markets*），蘭登書屋（Random House），2005年。

6. 康納曼，《快思慢想》，pp.79, 118。

7. 康納曼，《快思慢想》，p.436。

8. 馬克斯，《投資最重要的事》。

第九章　正方形的四個直角：最佳投資的定量性因素

1. 質量性因素也同等重要，特別是當我們更細緻地討論關於信任的主題時。我在《投資者的難題》一書中曾經仔細分析質量性因素，在

此我只解釋定量性因素。

2. 另外一項主要產品是收入。我在本書中不會討論這個部分。

3. 請見以下例子，Elroy Dimson、Paul Marsh 與 Mike Staunton 所著《樂觀主義者的勝利：全球投資回報的百年歷史》，普林斯頓大學出版，2002 年；John C. Bogle 與 Michael W. Nolan Jr. 所寫〈簡約之法則：建立合理的金融市場回報預期〉（*Occam's razor redux: Establishing reasonable expectations for financial market returns*），道富環球顧問公司（State Street Global Advisors），《長期資產類別預報季刊》（*Long-term asset class forecasts*）；Jeremy J. Siegel 所著《長期股票：金融市場回報和長期投資策略的權威指南》（*Stocks for the long run: The definitive guide to financial market returns and long-term investment strategies*），麥格羅希爾教育出版（McGraw-Hill Education），2014 年。

4. 本圖表的市場資料來源為：晨星、戴維斯研究公司（Ned Davis Research）、席勒（Robert Shiller）網路資料庫，www.econ.yale.edu/~shiller/data.htm，以及 portfoliovisualizer.com。

5. Hendrik Bessembinder，〈股票的表現有比國庫債券好嗎？〉（*Do Stocks Outperform Treasury Bills?*），《金融經濟學期刊》（*Journal of Financial Economics*），初稿，2017 年 11 月 21 日，bit.ly/2kYSl3K。

6. Bessembinder，《股票的表現有比國庫債券好嗎？》。

7. 上述資料來自 J. B. Heaton 等所撰寫的初稿，〈指數為何重要？〉（*Why Indexing Works*），2017 年，引用自 Ben Carlson 的部落格 awealthofcommonsense.com。

8. 更準確地說，最低收益率（yield to worst）為預測單一債券總報酬率的最佳工具，而到期收益率（yield-to-maturity），則是預測非可

贖回債券（non-callable bond）總報酬率的最佳工具。

9. 大型企業股票資料來自標準普爾指數，小型企業股票資料來自羅素2000指數（Russell 2000 Index），高評級債券資料來自彭博巴克萊美國綜合債券指數（Bloomberg Barclays U.S. Aggregate Bond Index），低評級債券資料來自巴克萊美國企業高收益債券指數（Barclays U.S. Corporate High-Yield Bond Index）。

10. Richard Thaler，Shlomo Benartzi，〈明天存更多：運用行為經濟學提高員工的存款〉（*Save More Tomorrow: Using Behavioral Economics to Increas Increase Employee Savings*），《政治經濟學期刊》（*Journal of Political Economy 112(1): S164-S187*）。

11. 韋斯特，《規模：成長、創新，可持續性的定律，以及有機生物的生命節奏、城市、經濟與企業體》（*Scale: The Universal Laws of Growth, Innovation, Sustainability, and the Pace of Life in Organisms, Cities, Economies*），企鵝出版，2017年。

12. 豪澤爾，〈極小的本金〉（*The Freakishly Small Base*），bit.ly/2A1VMON。

13. 豪澤爾，〈極小的本金〉。

14. 茨威格，〈把投資者從他們自己的手中拯救出來〉（*Saving Investors From Themselves*），《華爾街日報》，2013年6月28日。

15. 華特‧米歇爾，《棉花糖測試：為什麼自制力能驅動成功》（*The Marshmallow Test: Why Self Control is the Engine of Success*），博客貝出版（Back Bay Books），2015年，p.5。

第十章　你抵達了！在想要更多與知足之間找到平衡

1. 有不少出版作品都曾提及唯物主義所帶來的心理感受。請見 Tim Kasser 所著《唯物主義的高額代價》（*The High Price of Materialism*），麻省理工出版，2012 年；James A. Roberts 與 Aimee Clement 所寫〈唯物主義、整體生活品質滿意度與人生的八大領域〉（*Materialism and Satisfaction with Overall Quality of Life and Eight Life Domains*），2007 年，《社會指標研究》（*Social Indicators Research 82: 79-92*）；Tim Kasser 與 Richard M. Ryan 所寫〈美國夢的黑暗面：經濟成功作為唯一的生活目標〉（*The Dark Side of the American Dream: Correlates of Financial Success as a Central Life Aspiration*），1993 年，《人格與社會心理學期刊》，65（2）：410-22；Erich Fromm，《擁有還是活著？》（*To Have or to Be?*），哈潑洛出版，1976 年；Joseph Chancellor 與柳邦爾斯基所寫〈幸福和節儉：當（消費）更少（快樂）更多〉（*Happiness and Thrift: When (Spending) Less is (Hedonically) More*），《消費者心理學期刊》，21: 131-8；E. Solberg、Ed Diener、M. Robinson 所寫〈為什麼物質主義者更難滿足？〉（*Why are materialists less satisfied*），收錄於 T. Kasser 與 A. D. Kanner 等編輯的〈心理學與消費文化：在物質主義世界追求美好生活〉（*Psychology and Consumer Culture: The Struggle for a Good Life in a Materialist World*），美國心理學協會（American Psychological Association），2004 年，pp. 29-48；K.D. Vohs、N.L. Mead 與 M.R. Goode 所寫，〈金錢帶來的心理影響〉（*The Psychological Consequences of Money*），2006 年，《科學期刊》，314: 1154-6；T. Carter 與 Thomas Gilovich 所寫，〈體驗與商品購買的相對性〉（*The*

relative relativity of experiential and material purchases），2010年，《人格與社會心理學期刊》，98: 146-59。

2. Olivia Mellon 與 Sherry Christie 所寫，〈退休男士的秘密憂傷〉(*The Secret Sadness of Retired Men*)，ThinkAdvisor.com，2014年7月30日；Brenda Bouw 所寫，〈害怕無聊、沮喪與退休的人〉(*Men Vulnerable to Boredom, Depression in Retirement*)，《環球郵報》(*The Globe and Mail*)，2017年3月25日。

3. 引自 Daniel Crosby，www.nocturnecapital.com。

4. 引自 Shane Parrish 所經營的法南街部落格，bit.ly/1IMXXGO。

5. 赫希爾，《人類是誰？》(*Who is Man?*)，史丹佛大學出版，1965年。

6. 賽里格曼等所著《未來人》(*Homo Prospectus*)，牛津大學出版，2016年。

7. 福克，《尋找未來：時間的歷史、物理與哲學》(*In Search of Time: The History, Physics, and Philosophy of Time*)，聖馬汀葛蘭芬出版 (St. Martin's Griffin)，2010年。

8. Bret Stetka 與 Kit Yarrow 所寫，〈為什麼買東西：消費的神經心理學〉(*Why We Shop: The Neuropsychology of Consumption*)，《醫學期刊》(*Medscape*)，2013年11月份。

9. Alex Kacelnik，〈耐性的演化〉(*The Evolution of Patience*)，引自 Daniel Read 與 Roy F. Baumeister 等編輯的《時間與決策：跨時間向度選擇的經濟與心理學視角》(*Time and Decision: Economic and Psychological Perspectives on Intertemporal Choice*)，拉塞爾·塞奇基金會 (Russell Sage Foundation)，2003年。

10. David Laibson，〈金蛋與雙曲貼現〉(*Golden Eggs and Hyperbolic Discounting*)，《經濟學季刊》(*Quarterly Journal of Economics 112*

(1997), 443-77）；Gregory Berns、David Laibson 與 George Loewenstein 所寫，〈跨時間選擇——走向一體化的框架〉（Intertemporal choice: Toward an Integrative Framewor），《知覺科學思潮》（Trends in Cognitive Sciences 11 (11): 482-8）；Richard Thaler，〈不一致性動態的實證〉（Some Empirical Evidence on Dynamic Inconsistency），《經濟書簡》（Economic Letters 8 (1981), 201-7）；George Ainslie 與 N. Haaslma 所寫，〈雙曲貼現法〉（Hyperbolic Discounting），引自 George Loewenstein 與 Jon Elster 等編輯的《時間下的選擇》（Choice Over Time），紐約：拉塞爾・塞奇基金會，1992 年；Ainslie, G，〈導致行為經濟學的主要異常：認知或激勵？〉（The Cardinal Anomalies that Led to Behavioral Economics: Cognitive or Motivational?），2016 年，《管理與決策經濟學》（Managerial and Decision Economics 37: 261-73）。

11. 吉伯特，《當快樂絆倒幸福》（Stumbling on Happiness）；另見吉伯特與 Timothy Wilson 所寫〈情感預測〉（Affective Forecasting），2003 年，《實驗社會心理學進展》（Advances in Experimental Social Psychology 35: 345-411）；兩人另外還撰寫了數篇報告〈預測：體驗未來〉（Prospection: Experiencing the Future），《科學期刊》，317，2007 年 9 月；以及〈為什麼大腦會自言自語：情緒預測中的誤差來源〉（Why the Brain Talks to Itself: Sources of Error in Emotional Prediction），2009 年，《皇家學會的哲學會報：生物科學》（Philosophical Transactions of the Royal Society B: Biological Sciences 364 (1521): 1335-41）。

12. 吉伯特，《當快樂絆倒幸福》。

13. Kirk Warren Brown 與 Richard M. Ryan 所寫，〈活在當下的好處：正

念及其在心理健康中的作用〉(*The Benefits of Being Present: Mindfulness and Its Role in Psychological Well-Being*),2003年,《人格與社會心理學期刊》,84(4):822-48。

14. Edward Deci 與 Richard 所寫,《決心》,p.486。

15. 海德特,《幸福的假說:在古老的智慧裡找到現代生活的幸福》,pp.84-6

16. 心理學家認為「目標達成前的正面影響」(pre-goal attainment positive affect)與「目標達成後的正面影響」(post-goal positive affect)有所差異。

17. 弗里德里希·尼采,《偶像的黃昏》(*Twilight of the Idols*),海克特出版(Hackett),1997年;初版:1889年。

18. 赫斯福德、G. Elliott Wimmer 與 Brian Knutson 所寫,〈為未來的自我儲蓄:未來自我連續性的心理測量如何決定時間貼現的程度〉(*Saving for the Future Self: Neural Measures of Future Self-Continuity Predict Temporal Discounting*),2009年,《社會認知和情感神經科學期刊》(*Social Cognitive and Affective Neuroscience 4 (1): 85-92*)。

19. 赫斯福德,〈當你能辨識年老的自己時,可以做出更好的決定〉(*You Make Better Decisions If You 'See' Your Senior Self*),《哈佛商業評論》,2013年6月。

20. 赫斯福德、Jean-Louis van Gelder 與 Loran F. Nordgren 所寫,〈未來自我的明晰性與犯罪預測〉(*Vividness of the Future Self Predicts Delinquency*),2013年,《心理科學期刊》(*Psychological Science*),24(6):974-80;Jean-Louis Van Gelder 等所寫,〈與未來的自己做朋友:未來明晰性的縱向研究與行動,如何降低兒少偏差行為〉(*Friends with My Future Self: Longitudinal Vividness Intervention*

Reduces Delinquency），《犯罪學期刊》（*Criminology, 2015, 53(2): 158-79*）。

21. Leaf Van Boven 與 Thomas Gilovich 所著《要體驗還是要擁有？這才是問題的所在》；Karim S. Kassam 等所寫，〈未來的快感缺乏和時間貼現〉（*Future Anhedonia and Time Discounting*），《實驗社會心理學期刊》（*Journal of Experimental Social Psychology, 2008, 44: 1533-7*）；Jordi Quoidbach 與 Elizabeth Dunn 所寫，〈放棄抵抗：戰勝享樂適應的策略〉（*Give It Up: A Strategy for Combating Hedonic Adaptation*），《社會心理學與人格科學期刊》，2013, 4(5): 563-8。關於便利所帶來的負面影響請見 Tim Wu，〈便利的暴政〉（*The Tyranny of Convenience*），《紐約時報》，2018年2月18日。

22. Elizabeth Dunn 與 Michael Norton 所著，《快樂的錢：快樂消費的科學》。

23. www.ted.com/talks/dan_you_are_always_changing。

財富的幾何學

行為金融大師教你排除大腦中的貧窮因子，
正確錨定金錢與幸福的關係，讓投資與財務規劃 100%發揮

The Geometry of Wealth:
How to Shape a Life of Money and Meaning

作　者	布萊恩‧波提諾（Brian Portnoy）
譯　者	李靜怡
主　編	郭峰吾

總 編 輯	陳旭華（ymal@ms14.hinet.net）
副總編輯	李映慧

社　長	郭重興
發行人兼出版總監	曾大福
出　版	大牌出版
發　行	遠足文化事業股份有限公司
地　址	23141 新北市新店區民權路 108-2 號 9 樓
電　話	+886- 2- 2218 1417
傳　真	+886- 2- 8667 1851

印務經理	黃禮賢
封面設計	萬勝安
排　版	藍天圖物宣字社
印　製	成陽印刷股份有限公司
法律顧問	華洋法律事務所 蘇文生律師

定　價	450 元
初版一刷	2019 年 4 月

有著作權 侵害必究（缺頁或破損請寄回更換）

Originally published in the UK by Harriman House Ltd in 2018,
www.harriman-house.com.

國家圖書館出版品預行編目（CIP）資料

財富的幾何學：行為金融大師教你排除大腦中的貧窮因子，正確錨定金錢與幸福
的關係，讓投資與財務規劃 100%發揮 / 布萊恩‧波提諾（Brian Portnoy）著；李
靜怡 譯 . -- 初版 . -- 新北市：大牌出版，遠足文化發行，2019.04　面；公分
譯自：The Geometry of Wealth：How to Shape a Life of Money and Meaning
ISBN 978-986-7645-70-8（平裝）
1. 財富 2. 個人理財

551.2　　　　　　　　　　　　　　　　　　　　　　　108003895